かみきこうち

神木隆之介

Kamikikochi Kamiki + Travelogue × Kochi

神木
+
紀行
+
高知

はじめに

高知と聞いて最初にイメージしたのは、
食べ物がおいしくて、自然にあふれていて、人が優しい。

そんな、いわばありきたりなものでした。

都会で育った僕にとって、それは「地方」と呼ばれる土地に対する漠然としたイメージそのものだったように思います。

そもそも僕にとって最初の高知体験は映画『桐島、部活やめるってよ』の撮影でした。

高校生だったこともあって出歩けず、ホテルと現場との行き来ばかりだったので、今回の旅で初めてしっかり高知を体感できました。

いま僕は再び高知県で、植物博士・牧《まき》野《の》富《とみ》太郎《たろう》をモデルにしたＮＨＫの連続テレビ小説『らんまん』の撮影に取り組んでいます。

この旅はその撮影に入る前に、高知という土地を、
牧野富太郎という人を知りたいという思いでスタートした旅でもありました。
俳優として大きなターニングポイントとなるような２つの作品が、
ともに高知と深い関係を持つことに何か不思議なご縁を感じると同時に、
いまの僕は「高知はどんな土地？」と聞かれてはっきり答えられる言葉を持っています。
その言葉は巻末のあとがきに記したいので、
最後に読んでもらえたらと思います。
まずは、この本で僕と一緒に高知の旅を楽しんでください。

神木隆之介

CONTENTS

PHOTO SPOT
旅の思い出に写真を撮ろう！

PHOTO SPOT
仁井田神社
niida jinja

PHOTO SPOT
SEA HOUSE

唐浜休憩所

tonohama kyukeijo

佐川町
sakawacho

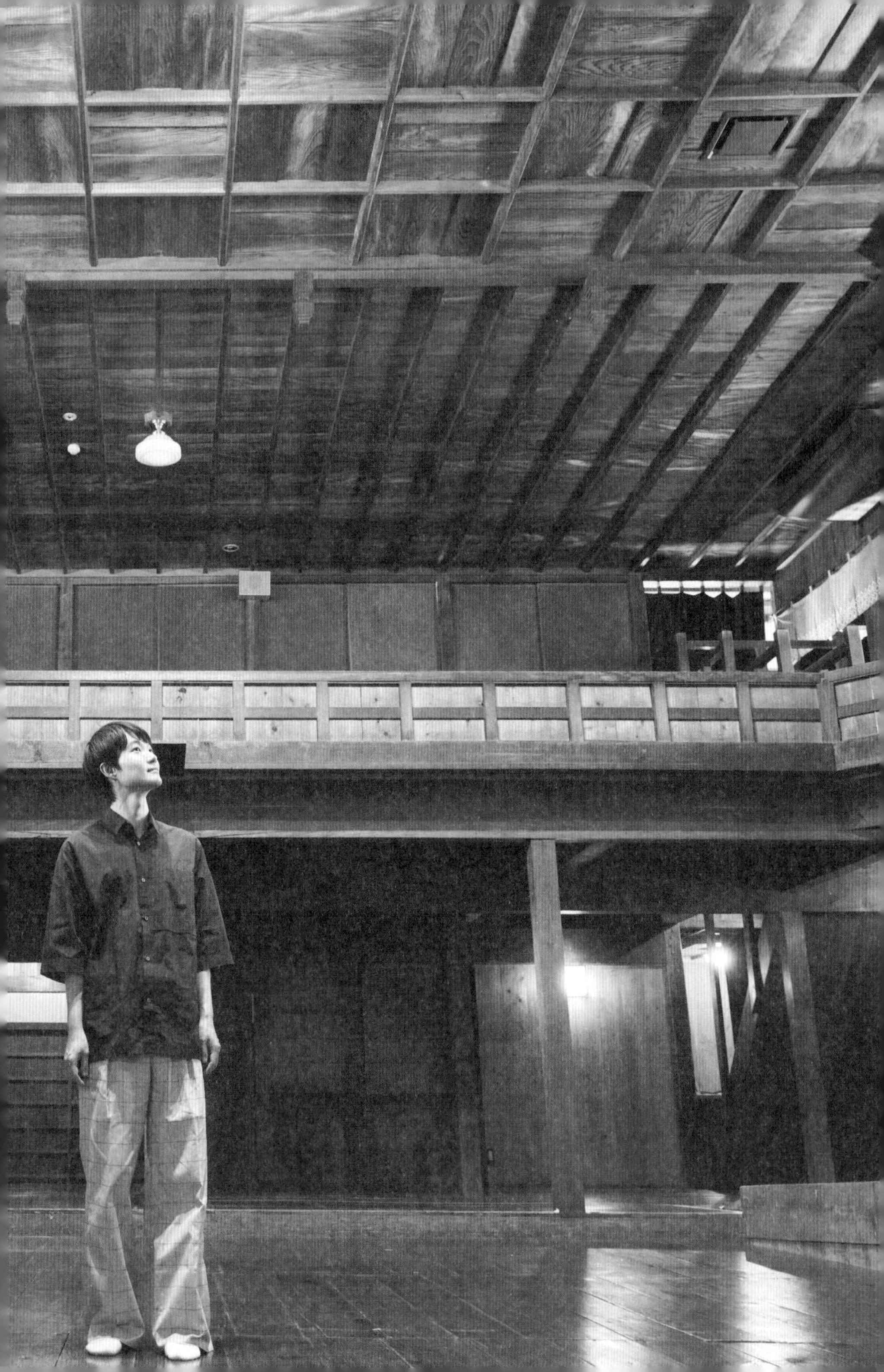

PHOTO SPOT
ゆすはら座
yusuharaza

PHOTO SPOT

魚梁瀬森林鉄道

yanase shinrin tetsudo

SEA HOUSE

安芸郡芸西村西分字休場乙54-1
0887-32-2880
11:00〜20:00（L.O.19:30）
休 水曜日

仁井田神社

高知市仁井田3514
088-847-0784
授与所 8:00〜17:00
休 無休

大堂山展望台

幡多郡大月町一切
0880-62-8133
（大月町観光協会）

ゆすはら座

高岡郡檮原町檮原1496-1
0889-65-1187
（ゆすはら雲の上観光協会）
9:00〜16:30
休 12/29〜1/3

佐川町

高岡郡佐川町甲1474
0889-20-9500
（さかわ観光協会）

唐浜休憩所

安芸郡安田町唐浜
0887-38-6713
（安田町地域創生課）

魚梁瀬森林鉄道 森の駅やなせ

安芸郡馬路村魚梁瀬丸山
0887-43-2055
10:00〜12:00、13:00〜15:30
休 平日・土曜日
（8月は土曜日も運行）

1

にいちゅう二人

～高知の人ってどんな人～

デザインのチカラで一次産業（農業・畜産業・林業・漁業）からあたらしい価値を引き出し、ニッポンの風景を残していこうと仕事を続けるデザイナーの梅原真《うめばらまこと》さん。高知のいたるところでその力強いデザインを目にしていた神木が、高知の風土や暮らす人たちの気質について伺いたいと、香美《かみ》市にある梅原さんの事務所を訪ねました。

Makoto Umebara

梅原 真

デザイナー。1950年高知市生まれ。高知県香美市土佐山田町在住。大学卒業後、高知のテレビ局関連会社の美術部に入社。退職後、アメリカ大陸を横断、サンフランシスコ滞在を経て帰国。1980年に「梅原デザイン事務所」をスタート。高知を拠点に一次産業再生を目指し全国で活動。2016年毎日デザイン賞・特別賞受賞。武蔵野美術大学客員教授。

底抜けにらんまんな人たち

神木　いきなりなんですけど、高知ってどういうところですか？

梅原　「底抜けに明るい、笑いがあるまち」やね。

神木　ああ〜！

梅原　でもこれはちょっと、まとまりすぎているじゃないですか。もうちょっと崩したら、「お金はないけど、底抜けに明るいまち」。

神木　ああ〜（笑）。

梅原　経済指標のひとつ、製造品出荷額ランキングで言うと、47都道府県あるうちで高知と沖縄が46、47位。この2つが他をどーんと引き離して低い。この2県はほとんど一緒くらい製造品出荷がない。

神木　そうなんですね。

梅原　鳥取がその上なんやけど、けっこう差が開いてるのよね。そこからさらに上は、島根、秋田というふうに刻んでいくんやけど、高知、沖縄はダントツ。だから、底抜け。底が抜けてるわけやから。

神木　ああ！　なるほど！

梅原　要するにお金を貯めようとしない。だって底が抜けてるんで。もうしょうがない。

神木　しょうがない（笑）。

梅原　この写真は高知の日曜市。お城の下に約1キロメートル店が並ぶ農家の市があって、日曜市だから日曜日にやるわけね。

神木　はい。

梅原　約1キロメートル、両脇に店がずっとあって、近郊の農家が餅ついたり寿司作ったり、野菜持ってきたりするわけよ。これが一番、高知らしい。それで、笑いがあるというのはね、これ見たらわかる。

神木　ん？「マッハ」って書いてある。

梅原　おばちゃんが、農産物を段ボールで持ってくるじゃん。その蓋のところをカッターで切ってね、農産物にひと言書くわけですよ。これなんかは、「早生《わせ》マッハ」。どういうことか？「早生」っていうのは、早くできる品種のことやけど、このネギがめちゃくちゃ早くできたわけ。それで、おばちゃんが自分で書くのよ。「早生マッハ」。ジェット機みたいに速いが「早生マッハ」。これ、ふつうのおばちゃんよ。だから底抜けに笑いのあるまち。

神木　すごいですね。

梅原　このコピーとかも。

神木　「朝倉の芋ホロホロ」。

梅原　ホロホロっていうのは高知弁で「ホクホクしてる」ってこと。「ホロホロしゆうぞ」と。で、この文字の並び方。デザイナーとちゃう、これ？

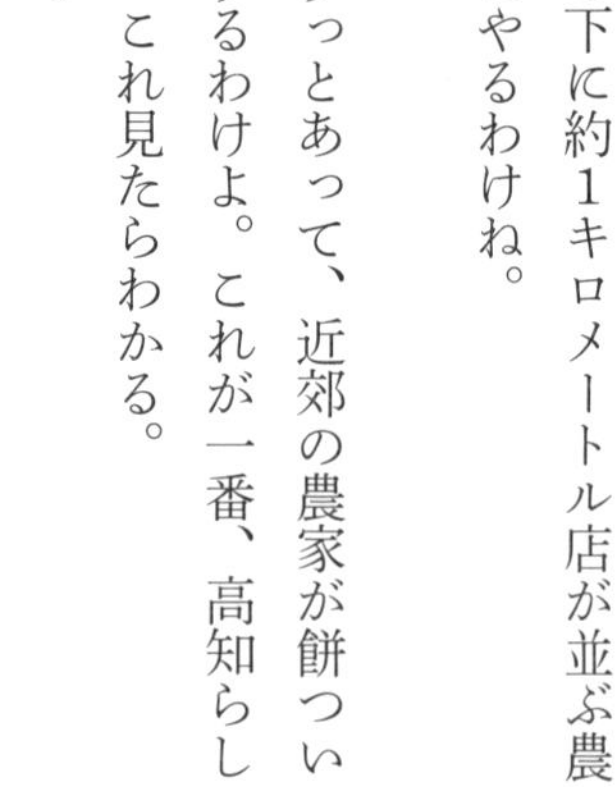

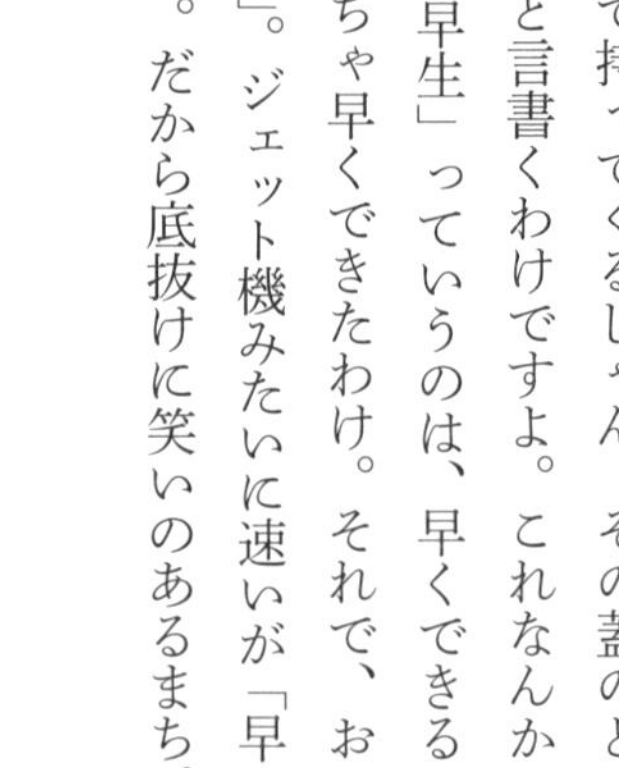

ふつうまっすぐに並べるよね。こういうのを僕はデザイナーっていうことにしてる。こういうのから「おいしそうって、どういうこと?」っていうのを学んでるわけ。それでデザインしてるわけ。こういうことでいいねん、ほんとに。

神木　小さい頃から高知に住まわれているんですか?

梅原　生まれたときから高知です。子供の頃「これ、いくら?」って聞くと、全部が１００円とか。それで１００円で買ったらおばちゃんが10円をくれるわけよ。「何これ?」って聞くと、10円まけてくれるのよ、お金ないのに。キープしたらいいじゃん。

神木　そうですよね。

梅原　けんど、物を買ったら、物をくれたうえに10円。そんな、お金もないのに10円いらんやんね。でもそういう感じで、底抜けに明るいお金のないまち（笑）。なんかあなたが牧野富太郎さん役らしいけど、牧野さんが底抜けに明るい顔してるじゃないですか。

神木　そうですよね。笑顔の写真がいっぱいありますもんね。

梅原　ほんと底抜けよね。ほんまに笑ってるね。ドラマのタイトルの『らんまん』って天真爛《てんしんらん》漫《まん》のらんまんですか?

神木　はい、そうです。それもかかってます。

梅原　春爛漫っていうのもあるよね。

神木　それもかかってますね。

梅原　なるほど。でも、天真爛漫のほうがパッと浮かぶね。ちなみにカミさんが神木くんが牧

野さん役にピッタリやなって言ってました。
神木　ほんとですか?!　うれしい。がんばろう！　牧野さんの笑顔はすごく大事にしていきたいなって思います。高知の人といえば坂本龍馬も有名ですが、牧野さんと龍馬は似てる感じがします。
梅原　似てるよ。
神木　どんとこい！　っていう感じとか。
梅原　そっくりだね。借金するのもそっくり。好奇心持ってグググッて突き進む。
神木　パワーがありますよね。
梅原　うん。天真爛漫さもそっくりやろ。女の人に対する部分もそっくりなところあるけど、その話は外しといて。東京に出て行くじゃないですか。勝海舟に会って人生が変わるんですよ。調べたらね、坂本龍馬は17歳で剣術修業に千葉道場へ行くんです。それが江戸へ行く最初。
神木　はい。
梅原　牧野富太郎は19歳で顕微鏡を買いに行く。そこから始まるところも、江戸で人に会うところも、似てるわけよ。
神木　そこで人生の起点というか、出会いが。
梅原　そこもそっくり。
神木　いま、ちょこちょこと台本ができあがってきていて、まだ序盤中の序盤なんですけど、東京に行くときの勢いって、ほかの作品の上京シーンとかだと「よし行くぞっ」というか、「よし、わたしは東京に行くんだ、東京で絶対成功するんだ」っていう気持ちで描かれるじゃないですか。なんかそれ以前に「もう行くしかないでしょ！」「行こう行こう行こうっ」っていう、なんか、覚悟はあるんでしょうけど、覚悟とは違う本気の色というか。

梅原　そうですね。

神木　なんですかね、決心して行くっていうより、「え、東京行くチャンスあるなら行くしかなくない？」っていう、好奇心だったりとか、希望の色がすごく明るい色というか。覚悟っていうとちょっと何かを犠牲にしたりとか、失敗したらダメっていう恐怖心だったりがあると思うんですけど……。

梅原　行くのが当たり前みたいなね。

神木　そうです。「東京行くしかないでしょ、だって行きたいんだもん」っていう。

梅原　そこが、にいちゅう。にいちゅうっていうのは高知弁で「似ている」っていうこと。二人は本当ににいちゅう。好奇心が勝ってるから「行くぞ！」みたいなコブシはない。

神木　ないですね。

梅原　「あ、行く！」

神木　そうそう。ふつうは、いや、ふつうって言い方はちがうと思いますけど、ある程度恐怖心だったり、先のことを見ちゃって、失敗したらどうしようとか、どうしたらいいんだろうとか、多少なりともよぎるはずなんですけど、まったくそれが見えないんです。

梅原　あの二人はないわ。

神木　なんとかなるでしょ。なんとかするし。っていう。

梅原　そう。もともとちょっとお金持ち、二人とも。それもちょっと似てる。

神木　ああ、そうですね。

梅原　研究するのに顕微鏡いるやーんってね。

神木　「いや、高いです」ってなっても「え？　仕方ないじゃん！」って。

梅原　お金どうしたらええんやろうって思わん、もうあるから。龍馬もようけあったんですよ。けど、そのあと借金するのもよう似てるんですよ。龍馬も相当借金するのよ。あちこち借金して。

神木　でも、それでもお金いらないんですよ、自分が求めているもの、知りたいことが大事。

梅原　ほんとに似てる。ここで、ちょっとおもしろいことにね。調べたら、牧野さんが生まれたのは、龍馬が脱藩したひと月後なんですよ。

神木　へえ～。

梅原　牧野さんって明治とか昭和の人の感じがするでしょ。江戸生まれなんですよ。龍馬とかぶってるの。龍馬脱藩は27歳ぐらいやけど、牧野さんが生まれたんは、龍馬が脱藩する27歳のひと月後。龍馬は脱藩する前、（高知県）佐川《さかわ》町あたりにいた。前の日は檮原《ゆすはら》町に泊まったんやけど、檮原町行くには佐川を通るのよ。不思議な縁。龍馬とかぶる。だからその二人は似てると思う。

神木　高知の方々は、そういう人が多いんですか？歴史上っていうよりかは、いま現在梅原さんのお友達や周りにいる方々は。

梅原　ほんとにそう言いたいね。言いたい。龍馬と牧野さんばっかしがおるよって言いたいけど、ちょっと小ぶりになってきたね、みんな。

神木　ああ〜。

梅原　だから、牧野さんにちょっとにいちゅう人は多いかな。けど、あれぐらい大きくないわね。牧野さんより小ちゃい人、10分の1ぐらいの人がいっぱいおる（笑）。

神木　でも、そういう好奇心だったり覚悟だったり、大海原へ飛び出すというか、そういう方が多いんですか？

梅原　高知県人の気質を表すのに、四国4県あるじゃないですか。

神木　はい。

梅原　四国山脈で覆われて、前と後ろ、徳島、香川、愛媛がある。これね、全然性格が違うと言われていて。それをわかりやすく言う、ええたとえ話があって。

神木　はい。

梅原　江戸時代に１００両、天から降ってきました。あなたはどうしたでしょう？　徳島は「全部蔵へ置いとけ！　貯金しとけ！」香川は「半分貯金しとけ、半分投資で儲《もう》けよう」愛媛「全部、投資へ回せ！　もっと儲けよう！」さて、高知はどうしたでしょう？　答えは「飲んだんでしょ？」だいたいみんなそう言う。違います。「１００両降ってきたんかい！　じゃあ蔵からもう１００両出してこい！　２００両でみんな呼んで飲もう！」

神木　あれ?!　追加で自分のお金また出しちゃう！

梅原　これほんと。もう割り勘きらいで、東京へ行ったらみんな割り勘するじゃん。「もうええから払うから」みたいなそういう気持ちになっちゃう。だからお金を持てないのよ、みんな。「わしが払う、わしが払う」これが気質。ここは、にいちゅう。全員が。だから、東京行くと割り勘が性に合わんかったね。

神木　割り勘は良いシステムなんですけど、細かいですよね。

梅原　高知で僕も会社勤めてたときに先輩からバンバン奢《おご》られて。その先輩に聞いてみたら、いっぱい借金してました（笑）。借金して奢ってくれてたことが、あとでわかって「えぇー！」って。そういう人が多い。

神木　はあ〜。

梅原　だから底抜けに明るいって最初につけたのは、お金も底が抜けてる。

神木　なるほど。

梅原　これをやったら明日ちょっと困るなあ、がないわけ。だからさっき日曜市の写真見せたけど、そこにおったら「これ持って行きよ」って言うようなおばちゃんがいっぱいおるし、日曜市行かんでもその辺で魚を釣ってたら、その辺でなってる果物を食べてたら、みたいなのがベースにある。

神木　すごいな。うちの親も若干似てます。うちの親は東京池袋で生まれたんですけど、江戸っ子気質だって言っていて。

梅原　埼玉県じゃないの？

神木　僕は埼玉ですけど、母親が東京生まれで。お金にはき

ちんとしてるんですけど、本人は割り勘とかあまり好きじゃなくて。その場で楽しければ「いいよ、いいよ、楽しかったからいいよ」とか、楽しんでもらいたいっていうのがあって。だから、こういう話をしたときに、「わたしは自分の生活費削ってでも人に奢る」って言ってました。

梅原　それ。

神木　楽しかったよって言ってもらえたり、楽しい時間を自分がなるべく提供できたり、それがうれしいから。

梅原　そやね。子供にもそれを言ってますよね。天真爛漫で、牧野さんと似てますわ。神木くんがぴったりやっていうのはそこちゃいますか。

神木　ありがとうございます。すごい気持ちわかります。割り勘。台本を読んでいると、うれしいことがあるとその気持ちを周囲の人々とも分かち合おうと気前よくふるまうような描写があって、豪快だな、牧野さんならではなのかなって思ったんですけど、お話を伺って、高知の人にそういう気質があるんだなと思いました。

梅原　龍馬とか牧野さんとかを見ていて県民がそうなったのかもしれないけど、きっと前々からそういう気質はありますね。それはさっき言ったように、まず一次産業（農業・畜産業・林業・漁業）があるから、魚でもなんでもその辺のものを食べてたらなんとか生きていける。たとえば秋田は冬に外で寝てたら死ぬじゃないですか。高知は冬でも死なない。そういうところがあるんじゃない。

マイナスにはマイナスをかける

神木　デザイナーとしての梅原さんのお話も伺いたいです。

梅原　そうそう、これも言わなあかんと思ってたのが、「マイナスかけるマイナスはプラス」という考え方。たとえばカツオの一本釣り。一本一本釣っとるのよ。これは35年ぐらい前かな。いま神木くんが座ってるそこに漁師が来て「船があかん」と。みんな魚食べなくて肉ばっかり食べるようになったから魚が売れんようになったと。さらに重油が高《たか》なったと。1年のうち10か月船に乗ってる人たち。フィリピン沖から北海道の手前までずーっと追いかけていきながら、釣れたら気仙沼《けせんぬま》とかに揚げながら行く人たちなんだけど、「もう船つぶさなあかん」と。船主やったんですよ。船主の3男坊。で、「お前デザイナーやろ、どうしたらええ？」って言われて考えた。こんなに釣るんやけど、一本釣りできれいなカツオでも、きれいやから言うて１匹１０００円のやつが3万円になるわけじゃないから。せいぜい１０００円のが１３００円になるくらい。

神木　大変。

梅原　じゃあ、田舎には藁《わら》がいっぱいある、「それを藁で焼いたらどうや？」って。それが「藁焼きたたき」。

神木　おお！

梅原　そして、これがパッケージデザイン。「漁師が釣って漁師が焼いた」っていう状況をコピーにしてデザインしたら、5年間で工場たっちゃった。

神木　おお‼　すごい‼

梅原　で、高知新聞の全面見開き広告を出して、コマーシャルも作ったら、この港自体が復活した。

神木　おお！

梅原　つまりこれは、一本釣りやから効率がわるいというマイナスに、勇気を持ってもう一回、藁、昔の燃料をかけ合わせたらどうなんねんということ。一本釣りというマイナスに思われてるものと、藁というマイナスをかけ合わせたら、プラスになりました。さらにこれ。これもなんにもなかった砂浜に、全国から募集した写真やイラストをTシャツにプリントしてぶらさげたらええやないかと。なんもないわって言ってたけど、クジラおるやんと。それ作品やんと。ウミガメも来よるし、鳥の足跡も作品。そんなところに思いを持っていくのが、「砂浜美術館」。砂浜なんもないわって言ってた町やのに、巨大な空想美術館になった。

神木　このTシャツには写真が？

梅原　写真部門とイラスト部門があって、作品を送ってくれたら、それをプリントして展示しますよと。1週間展示したら返します。いまは5500円ほどもらって、それでちゃんと採算がとれ、来場者に入場料という言葉ではなく、協力金をお願いしますって言ったらみんな300

土佐一本釣り・藁焼きたたき（明神水産）
脂がのった戻りガツオを1匹ずつ釣竿で釣り上げ、良質な藁で焼いています。

円入れてくれると。それでだいたい3万人来る。それでこれは運用がうまくいってるんですよ。

神木　へえ〜。

梅原　最近は、JICA（独立行政法人国際協力機構）のモンゴルにいた女の子がこの取り組みが「ステキ」や言うて事務局に入って、JICAの友達にどんどん広めてるんですよ。それでモンゴルから始まって、もう18か国行きました。

神木　おお！

梅原　ないものには、ないことやったら、ないないでプラスになる。これがマイナスかけるマイナスはプラスって言ってる意味。他県に砂浜美術館と同じようなロケーションがあって、そこもいわば同じようなマイナスなのに、リゾート開発に2000億円というプラスをかけちゃったの。それで7年間で破産したの。外国の資本が162億円で買いにきて、で、渡したの。2000億円が162億円になって返ってきた。マイナスなのにプラス2000億円かけちゃったから。

神木　なるほど。

梅原　これは四万十川《しまんと》の沈下橋。１９８０年代、バブリーな時代だったんで、お金がいっぱいあるから大きな橋を造ったるでって沈下橋を潰して大きい橋を造っちゃった。だけど、それのどこがええの？　って僕は思って、「潰すんやったらおれが住むわ！」って言って、ここに住んだの。

神木　ええー?!

梅原　だから潰さんといてって言って4年経ったとき、誰も知らないお茶畑があるのを知った。手摘みしたお茶の葉は全部静岡に送られてたから、じつは茶所やったって誰も知らんかった。

神木　へえー！

梅原　というので「しまんと緑茶」っていう商品を作ってうまくいくんです。で、次。中国産が5分の1くらいの価格で、日本に入り始めたんでやめてしまった栗林があった。すでに10年間やめてましたから荒れてますよね。だけど僕にしたらこれ10年ほったらかしやから、オーガニックな栗に見える。荒れた栗林はオーガニック。光合成できるように、葉っぱ同士が重ならんように枝を剪定《せんてい》してあげるんですよ。そうしたら太陽をいっぱい受けるわけ。それで大きな栗ができた。

神木　めちゃくちゃ大きいですね。

梅原　そうやって、四万十栗に「地」という字を入れて、四万十地栗にした。で、ビジュアルがわるいから上をひらがなにした。それで、「しまんと地栗」が生まれた。

神木　へえ〜！

四万十川本流の最上流に架かる高樋沈下橋（中土佐町）

しまんとジグリキントン（四万十ドラマ）
厳選された「しまんと地栗」の甘さと香りを生かし、国産きび糖のみを加えて作られています。

梅原　「しまんと地栗」は「スタジオジブリ」に似てるやん。

神木　しまんとジブリ、スタジオ地栗（笑）。

梅原　これを全部のパッケージにつけながら。伊勢丹に持っていったら1日で70万円売れたって報告がきて。で、２０２１年、工場ができた。

神木　おお！

梅原　伊勢丹のコンセプトもエシカルな活動をしている地域のものを売りたいというふうになって、どんどんこっちに向いてきてるんですよ。要するに、お金儲けばっかしじゃなくて、オーガニックにして川を汚さないとか、新聞に包んでごみを増やさないとか、そういうことをしている地域のものを売っていくべきだって。で、僕が沈下橋の近くに住んでたじゃん。それがいまや、四万十の沈下橋を渡って帰ってくるのが観光になってる。この橋置いといてよかった。あの橋は僕たちの個性なんじゃないのって言って30年以上経って、宝物になった。

神木　すごい。

梅原　先ほど言ったけど、僕たちは経済が随分下のほう。けど、そこに魅力があるんじゃないの。だから、それが僕たちの魅力じゃないの、個性じゃないの。たぶんこれから行くだろう田中鮮魚店（１４６ページ）も、ボロボロの魚屋でした。ロギールさん（57ページ）という紙漉《す》き屋

さんもオランダから来て、40年前日曜市で自分の紙を売ってました。一見、貧乏そうで、ちょっと悲しい風景かもしれなかった。日曜市で自分の紙漉いて売ってるのがね。けど、自分の信念があって、いま随分山のほうへ行って紙漉いてますよね。そういうマイナスのようなものをマイナスと感じずに、そこに僕たちの個性があるんじゃないの？　そういうふうになるべきやなあと思ってる。

神木　そうですよね。

梅原　牧野さんがフォーカスされているのは、牧野さんはどちらかというと、地面のほうを見てきた人。その地面に植物を採取しにいくにも蝶ネクタイして。

神木　正装して。

梅原　あれ、尊敬してるからですよね、植物を。だから、神木くんの朝ドラをきっかけに、みんなが足元を向くようになったら僕はうれしいです。みんな上向いて、「なんとかしてくれや」、国に「お金ちょうだい、補助金ちょうだい、なんかしてくれ」って。上向いてばっかしじゃあかん。地面向くようになりますよ。それが一番うれしいですね。

神木　自分たちの足元にあるものを、まずは見て。

梅原　そうですよね。

神木　すてきっていう言葉だけでは片付けられないですけど、すごい励まされました。マイナスかけるマイナスの理論って、物だけじゃなくて考え方というか。自分のマイナスはただのマイナスっていうふうに思ってる人、若者も多いと思うんですけど、それが自分だけしか持っていない個性じゃん、それがあるから自分なんでしょっていうことを思いつければ、もっとビクビクしないで生きていけるんじゃないかなっていう気がしました。本当にありがとうございます。

梅原　ドラマ楽しみにしてます！

神木　ありがとうございます！　がんばります！

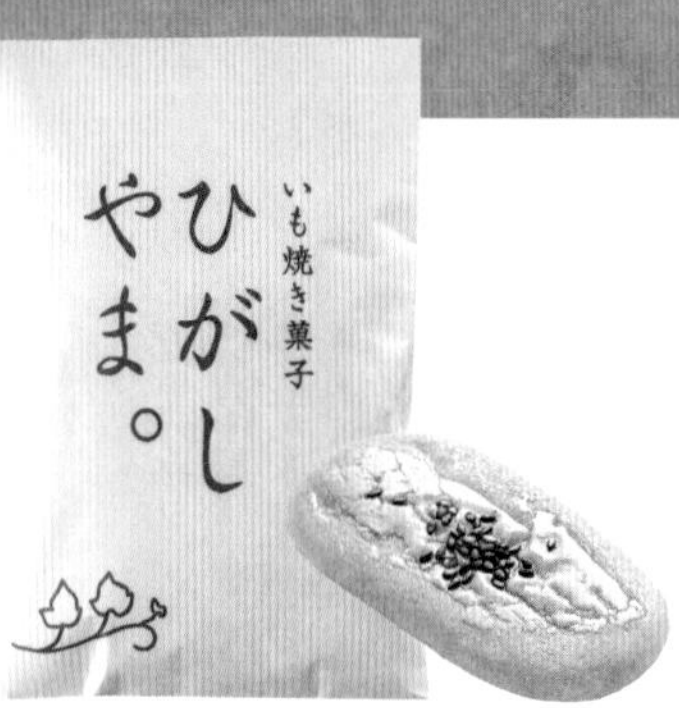

いも焼き菓子 ひがしやま。
（四万十ドラマ）

四万十川流域界隈の「人参芋」に、バターと本和香糖、白餡を加えた、もっちり食感の焼き菓子です。
〈主な販売先〉
とさのさと AGRI COLLETTO、
ICHIBA（高知龍馬空港内）など

しまんと地栗モンブラン
（四万十ドラマ）

栗本来の甘さを生かして作った2種類の異なる食感の栗ペーストの間に、無糖の生クリームを絞った3層仕立て。
〈主な販売先〉
とさのさと AGRI COLLETTO、
ICHIBA（高知龍馬空港内）など

これ知っちゅう？

高知の風景が浮かんでくる！

梅 原 デ ザ イ ン 編

高知で暮らしながら、デザインのチカラで一次産業を応援し続ける梅原真さん。そのものが持っている唯一無二な魅力や個性が引き出された梅原デザインの商品を集めました。

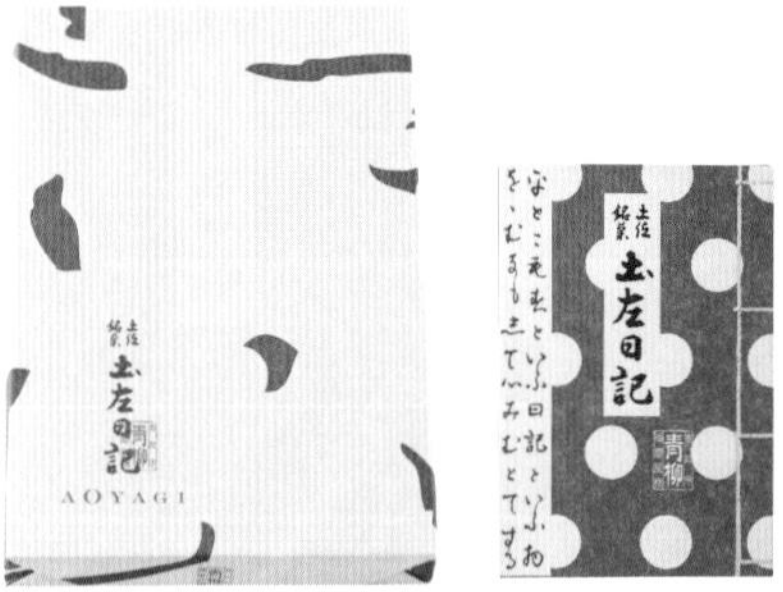

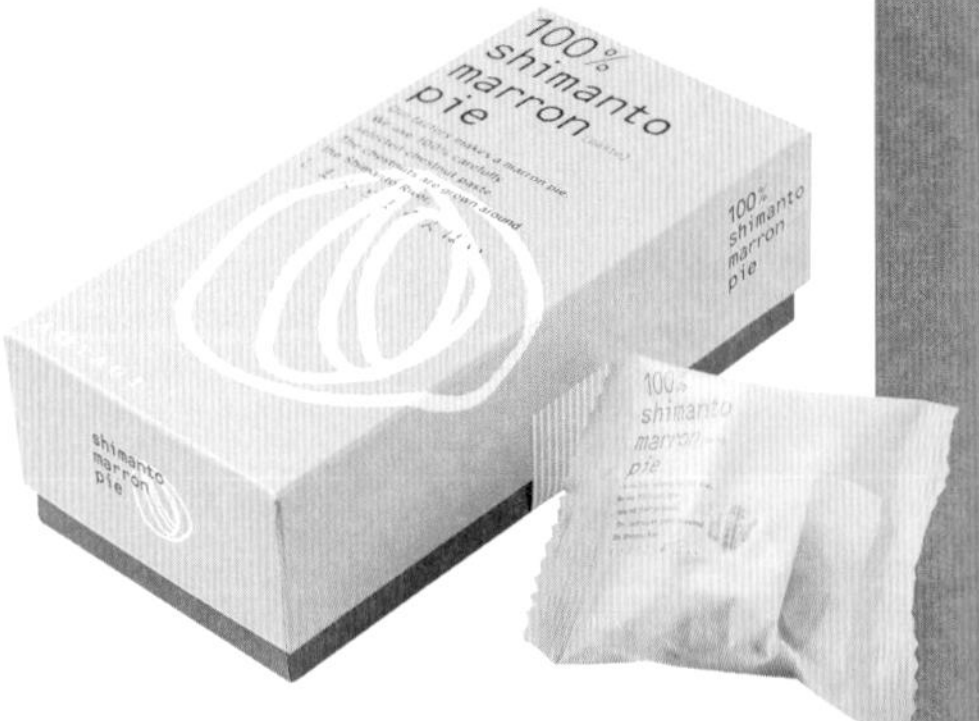

土左日記／ピンクの土左日記
（菓子処 青柳）

こしあん入りの求肥餅。千年も昔に歌人・紀貫之が綴った『土左日記』にちなんだパッケージです。ピンクの土左日記は、貫之が女性の振りをしていたことから。
〈主な販売先〉
キヨスク高知銘品館（JR高知駅内）、
ビッグサン（高知龍馬空港内）など

しまんとまろんぱい
（菓子処 青柳）

良質な四万十栗のペーストをなめらかな栗餡に仕上げ、パイ生地で包んで焼いた和風のマロンパイ。
〈主な販売先〉
キヨスク高知銘品館（JR高知駅内）、
ビッグサン（高知龍馬空港内）など

ぽん酢しょうゆ ゆずの村
（馬路村農業協同組合）

ゆずの深い酸味とかおり、昆布だしの旨味が合わさった、どんな料理にも合うぽん酢。馬路村のロングセラー商品です。

〈主な販売先〉
とさのさとAGRI COLLETTO、土佐せれくとしょっぷ てんこす など

天日塩ジェラート／あっさりしているアイスクリン。
（高知アイス）

土佐湾の海水を日光と風で乾燥させて作った「完全天日塩」を使用したジェラートと、素朴で懐かしい高知県民のソウルフード、アイスクリン。

〈主な販売先〉
キヨスク高知銘品館（JR高知駅内）、土佐せれくとしょっぷ てんこす など

きびなごフィレ
（土佐佐賀産直出荷組合）

宿毛湾で水揚げされたきびなごを、黒潮町の天日塩に漬け熟成。有機栽培の良質なオリーブオイルに漬け込んでいます。

〈主な販売先〉
the groceries shop Loka、とさのさとAGRI COLLETTO など

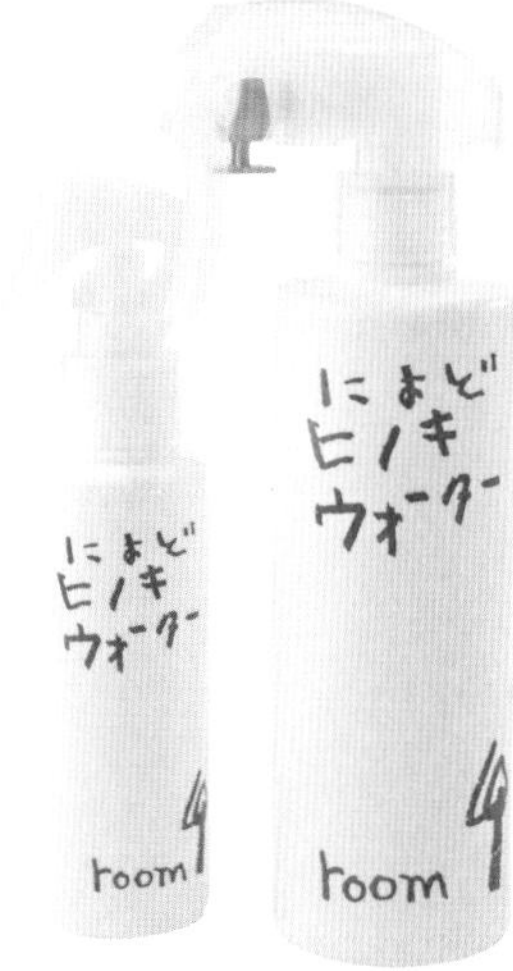

によどヒノキウォーター
（tretre）

仁淀川上流の天然水を使ったヒノキの蒸留水に、ベルガモットの精油をブレンドした爽やかな香りのルームミスト。

〈主な販売先〉
the groceries shop Lokaなど

あうんアールグレイ
（四万十ドラマ）

四万十川流域で作られる「しまんと紅茶」と馬路村の「ベルガモット」を合わせた、華やかで透き通った風味のアールグレイ。

〈主な販売先〉
土佐せれくとしょっぷ てんこす、ICHIBA（高知龍馬空港内）など

神木、牧野植物園へ

梅原さんとの対談でも話題になったように、朝ドラの撮影に向けて少しでも牧野富太郎さんの考え方や生き方に触れたいと思っていた神木が、次に訪れたのは高知県立牧野植物園でした。

PHOTO SPOT

高知県立 牧野植物園
The Kochi Prefectural Makino Botanical Garden

咲

これ、いいですね！
めちゃくちゃかっこいい！

牧野さんを継ぐ人

話し手

こうち子ども観光大使

川本《かわもと》琉楓《るか》さん

牧野植物園を堪能した神木。牧野博士の生涯を紹介する展示室に向かおうとしたところ、そこに待ち受けていた、小学生の女の子。なんとここ牧野植物園で牧野さんの生涯を解説するこうち子ども観光大使の川本琉楓さん（11歳）でした。牧野博士を慕ってやまないという琉楓さんのお話、早速、神木も聞かせてもらうことに。

日本の植物分類学の父と呼ばれる牧野富太郎は明治維新の6年前に高知県佐川町の造り酒屋のひとり息子として生まれたこと。悲しい出来事が続いたことから名前を成太郎から富太郎に変えたこと。すでに寺子屋のようなところで勉強をしていた富太郎は、小学校を2年生（14歳）で自ら退学したこと。「植物のお勉強をするには、東京が一番ぜよ」と東京に出たこと。そこで妻となる寿衛《すえ》さんと出会ったことなど、まさにドラマのダイジェストのようにその生涯を流暢《りゅうちょう》に話してくれました。

なかでも、富太郎が寝たきりになったときに、昭和天皇からお見舞いのアイスクリームが届いた話は、神木も初めて聞いた様子。そして琉楓さんは最後にこう締めくくります。

「わたしは、牧野富太郎先生の、貧乏のどん底になっても、あきらめず、努力した、生き方が好きです。そして、坂本龍馬さんたちは、戦って、若いときに亡くなった人たちだけど、牧野富太郎先生は、植物を愛して、幸せな気持ちで亡くなった人だから、わたしはそういう牧野富太郎先生の生き方が好きです。なのでみなさんも、牧野富太郎先生のように、植物を一つひとつ手にとり、優しくしてくださいね」

神木　すばらしい!!　そして、わかりやすい。原稿って自分で考えてるの？

川本　おばあちゃんに、だいたいのところを教えてもらって、そこから自分でお話を考えてつなげて。

神木　自分で構成まで！　話す内容も年々変わってきてるのかな？

川本　新しいお話を聞いたときは、すぐ文章を考えて、頭の中に入れて、次にはお話しできるように。

神木　いつからこういうガイドを？

川本　小学2年生から。おばあちゃんと一緒に覚えて、発表したのが最初です。

神木　すごいなー！

川本　いろんな歴史の人たちのことについて知る会みたいなのがあって、それに行かないか？　って、おばあちゃんが言ってくれて。

神木　そっか、そっか。牧野さんは教科書に載ってる？

川本　理科の教科書に載ってました。

神木　学校でどんなふうに語り継がれているのかがすごく気になります。

川本　たしか1年生のときに、一回、自分が、みんなの前でお話ししたことがあって、そのときから、牧野先生はどういう人なの？　って聞いてくれる子が多くなって。それでいまは、お話を一緒にやりたいっていう子が3人ぐらい出てきてくれています。

神木　それはとてもすてきですね。

川本　ありがとうございます。

神木　初めて聞いたお話もいっぱいあったし。びっくりしました。いまは19歳のときに初めて東京に行ったときの台本までしか来てないんだけど、いまのお話を聞いて脚本家さんとも話してもらいたいと思いました。いやあ、ほんとありがとうございます。

川本　こちらこそありがとうございます。

これ知っちゅう？

牧野さんのお土産編

植物を愛し、植物とともに生きた牧野さんがモチーフになった商品たち。自ら描いた植物図や、そのチャーミングな人柄など、牧野さんを感じるお土産を高知で探してみてください。

まきのさんの植物志
（菓子処 青柳）


牧野博士の植物図をモチーフにしたデザイン。博士が好きだったコーヒー味のクッキーが入っています。

〈主な販売先〉

キヨスク高知銘品館（JR高知駅内）、ビッグサン（高知龍馬空港内）など

まきのさんのはちみつバウム
（菓子処 青柳）


チャーミングな牧野さんをイメージしてデザインされたイラストが目印。はちみつの優しい甘味がクセになるバウムクーヘン。

〈主な販売先〉

キヨスク高知銘品館（JR高知駅内）、ビッグサン（高知龍馬空港内）など

手拭い
（山のくじら舎）

牧野さんや、牧野さんの愛用品、牧野さんゆかりの植物が描かれた、色彩豊かな注染の手拭いです。
〈主な販売先〉
ボタニカルショップnonoca
（高知県立牧野植物園内）など

MAKINOピンバッジ
（山のくじら舎）

笑顔が印象的な牧野博士の姿が描かれたピンバッジは、高知県産の木材を使った商品作りを続ける山のくじら舎によるもの。
〈主な販売先〉
ボタニカルショップnonoca
（高知県立牧野植物園内）など

牧野植物園オリジナルグッズ

〈主な販売先〉ボタニカルショップnonoca（高知県立牧野植物園内）など

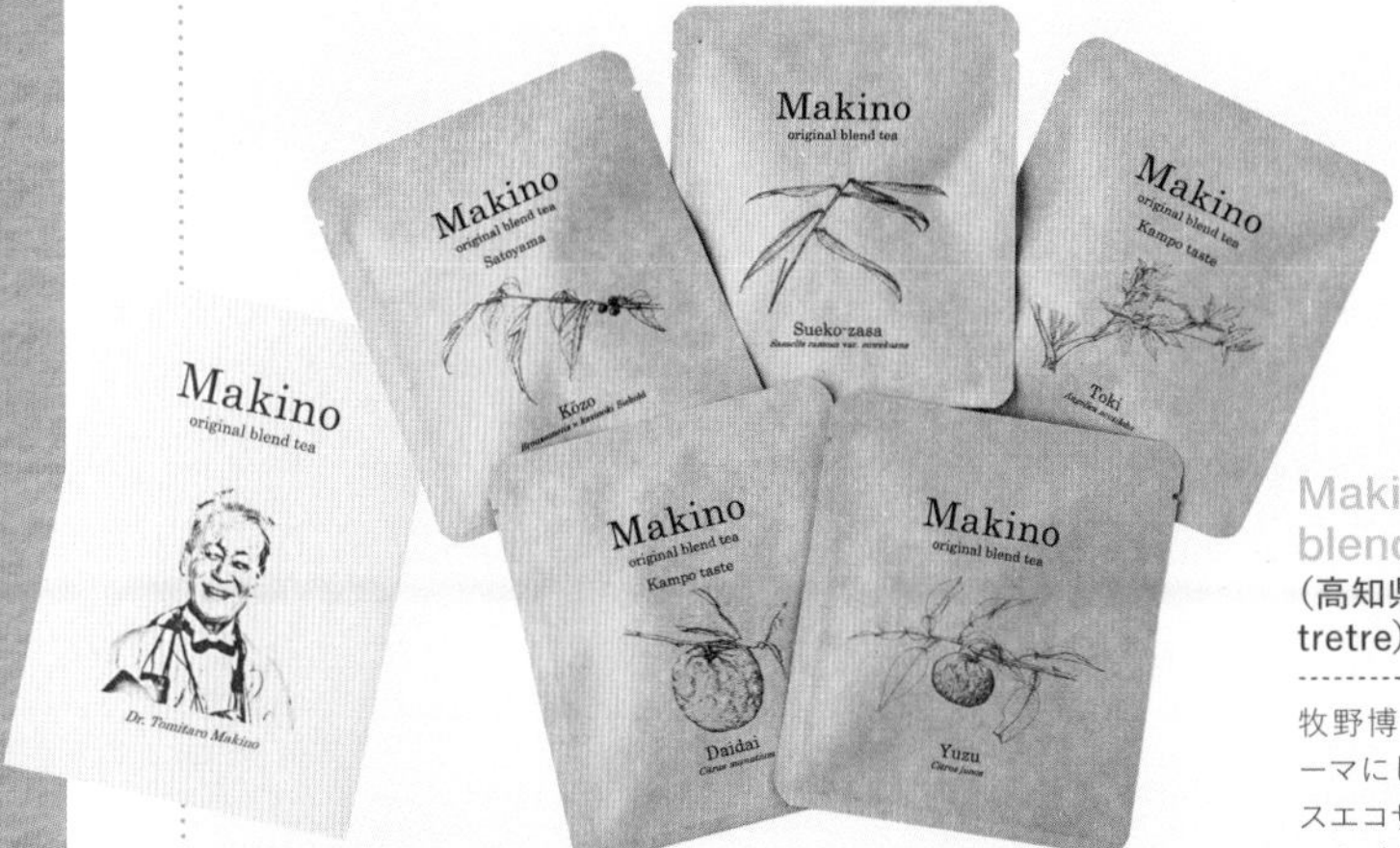

Makino original blend tea
（高知県立牧野植物園×tretre）

牧野博士ゆかりの植物をテーマにしたブレンドティー。スエコザサ、ユズ、トウキ、コウゾなど全8種。

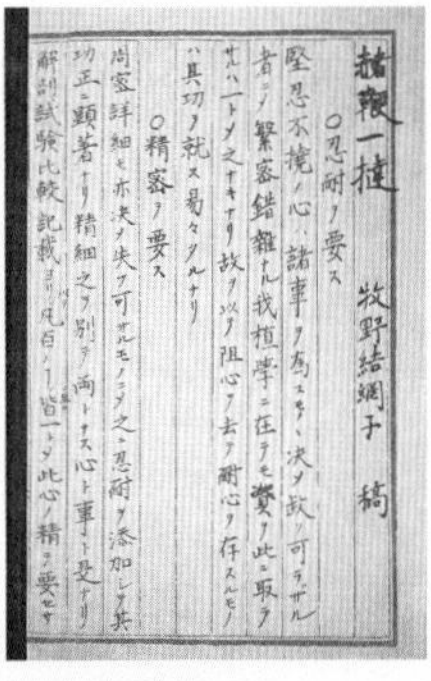

赭鞭一撻《しゃべんいったつ》ノート

牧野博士が故郷佐川にいた18歳～20歳頃に記した、15の勉強の心得が書かれたノート。心得は生涯にわたり実践されました。

一筆箋

牧野博士が創刊した『植物研究雑誌』裏表紙のデザインのほか、ノジギク、トサノミツバツツジなど博士が描いた植物図が印刷されています。

高知県立牧野植物園
高知市五台山4200-6
088-882-2601
9:00～17:00（最終入園16:30）
休 12/27～1/1（メンテナンス休園有）
入園料：一般730円

かみのかみづくり

~神木の紙漉き体験~

牧野植物園の展示室で出会った土佐和紙の照明。その作り手でもあるロギール・アウテンボーガルトさんは、和紙の魅力に取り憑《つ》かれ、約40年前にオランダから高知県に移住した手漉き和紙作家です。そんなロギールさんが家族で営む、和紙スタジオ「かみこや」に伺い、土佐和紙づくりを体験しました。

Rogier Uitenboogaart

ロギール・アウテンボーガルト

かみこや代表／手漉き和紙作家／土佐の匠
1955年オランダ・ハーグ市生まれ。アムステルダム・グラフィックスクール（1974〜78）、製本見習い（1978〜80）を経て、来日。日本各地の手漉き和紙工房を視察する。そして1981年から約10年間、高知県旧伊野町（現・いの町）にて原料栽培と紙漉きに取り組んだあと、1992年檮原町に移住。紙漉き工房「てんぐの風」を開設。2006年、紙漉き体験民宿「かみこや」をオープン。雲の上のホテル（隈研吾建築都市設計事務所）の壁紙や灯り、高知県立牧野植物園（内藤廣建築設計事務所）の灯りなども手がけている。

土佐和紙の材料

ロギール　まずは材料を見てみましょうか。これはミツマタです。いまの1万円札にはちょっと入ってるかもしれない。もともとは明治に入ってからの日本の紙幣は、全部これだった。

神木　へえ〜！

ロギール　ここはミツマタの大産地だったんです。四国の標高が高いところは、ほぼ全部そう。

神木　そうなんだ。

ロギール　これはコウゾ。たとえば障子紙とか神社の紙はこれで作られている。1年でこんなに伸びる。

神木　めちゃくちゃ伸びる！

ロギール　この皮を使う。ミツマタも皮を。オランダの何倍もの植物が日本にある。

神木　へえ〜！

ロギール　これを冬の間に刈り取って、作業場で処理します。刈り取った原木を甑《こしき》（蒸し器）で3時間ぐらい蒸したら、皮が簡単に剝《は》がれる。1000年以上前からそういうやり方しかない。これがそのまま

剥いだもの。ものすごい強い。表面は黒い皮がある。昔は防腐剤とか漂白剤がまったくないから、土佐和紙の伝統的なやり方は全部手で水につけて、1本ずつ包丁を当てて削っていく。

神木　大変。

ロギール　「へぐる」っていう作業で、それにすごく手間がかかるよね。この原料をこの鍋で煮る。でも水だけだったら何も起こらない。高知は消石灰《しょうせっかい》文化。この裏の山は全部カルスト（石灰岩などでできた地形）だから、ここに生えてる植物はけっこう珍しい。その消石灰で煮ると繊維以外の成分が溶ける。

神木　ちゃんと繊維が残るんだ。

ロギール　そう。繊維だけが残る。作業場の前に水を張っていたでしょ、あれが晒《さら》しているところ。消石灰を流して太陽が当たって白くなる。

神木　へえ〜、すごい。

ロギール　だから漂白剤は使わない。うちの紙は食べても大丈夫。

神木　もともとは植物だから。

ロギール　そう。植物と水だから。ここは四万十川の源流。さ、ここから作業をしてもらいます。これがさっきの繊維。よかったら触ってみて。やわらかくない？

神木　おおっ！　ほんとだ、やわらかい。細い。

ロギール　1本の幅が平均1センチで厚みが30マイクロメートル。髪の毛より全然細い。

神木　おお〜!!

ロギール　きれいな細い繊維があるから和紙ができる。で、これが1枚分。これを叩く。道具も木とか竹。鉄や銅は使ってない。こういう感じで「1、2、3！」3はちょっと強く。さっそくやってみましょう。

いざ、紙づくり体験！

神木　はい。これでいいのかな？

ロギール　もうちょっと強く。順々にいくと伸びていきます。

神木　うわ〜、伸びていく。

ロギール　はい、良いですね。全体を均等にしたいので、それをまとめて団子みたいにしてまた叩く。この音がいま山中に響いてる。上のほうにも聞こえてる。「あ、仕事してるなあ」って。この時間が短いと、すごく粗い繊維がいっぱい残る。長くやると細かくなる。どういう紙を作るのか決めないといけないね。

神木　ちょっと細かいのがいいな。

ロギール　じゃあ、もう1回まとめて叩く。今日作る紙はだいたい1000年ぐらい持ちます。

神木　1000年?!

ロギール　ただ、あとで摘んだ葉っぱを入れるから半分ぐらいになるかもしれないけど。

神木　それでも500年。

ロギール　まあ、適当に考えてるけど。だいたい1000年は大丈夫です。だいぶ良い感じでやってるので、あと1往復で終わりにしましょう。

神木　はい。

ロギール　それぐらいでいいかな。じゃあこれを溶かす。

神木　ええ～?!　わ、めちゃくちゃ気持ちいい。

ロギール　でしょ。やわらかい。細かくしたいから1分ぐらいしっかり溶かす。

神木　ええ～！　形が変わる！

ロギール　木からは想像できないよね。全然違うものになる力が和紙にはある。

神木　すごい!!　もともとあの繊維から始まって、さっき叩いていたのも繊維の名残がありましたけど、この時点でもう何もないです。ええ～?!　ほんとに?!

ロギール　そしてこれはトロロアオイ（花オクラ）という植物の根のところ。

神木　トロトロ!!　すごい！

ロギール　この水をこの中に入れる。こういうものを入れるおかげで薄いきれいな和紙ができる。

神木　はい。で、混ぜる?

ロギール　混ぜてください。

神木　水が重くなった。もうほとんど紙というか、繊維がさわれなくなってる。

ロギール　これを満杯汲《く》んで、ここに流す。
神木　うわ！
ロギール　これでもう紙。薄くできてるね。
神木　薄くできてます！
ロギール　それをバケツの中に1杯半ぐらい残して、あと全部流してください。
神木　わあ〜、すごい！　紙になってきた！

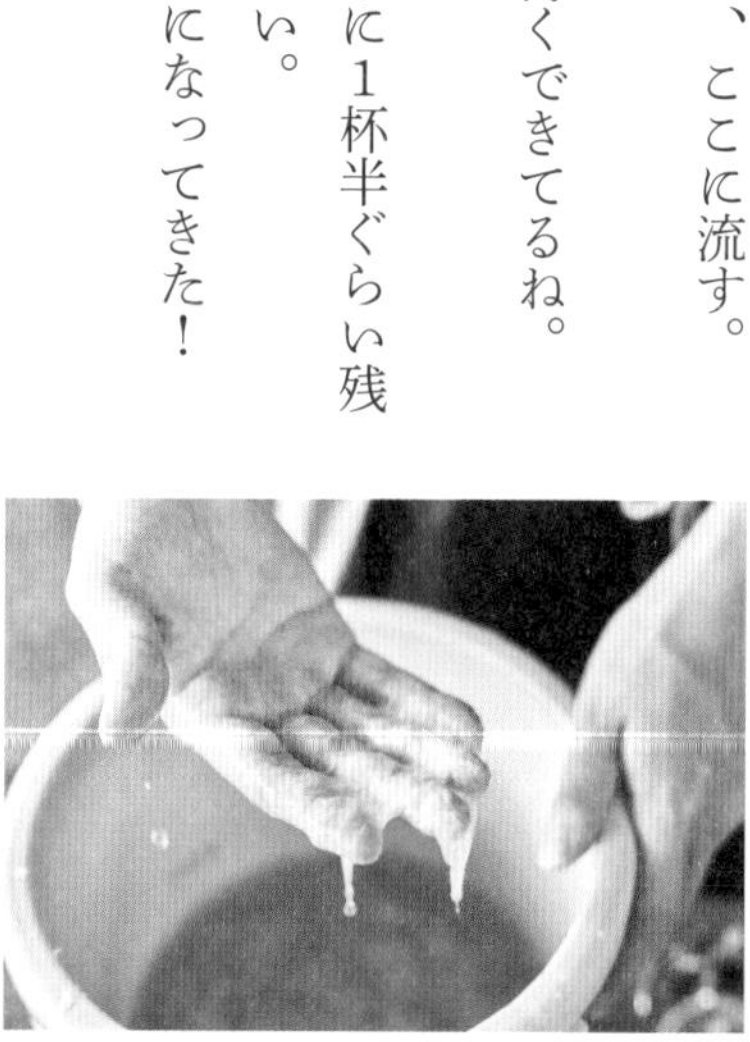

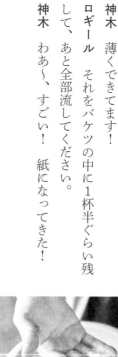

ロギール　これがベース。ちょっと粗いのが残っているけど、良い感じじね。naturalな感じ。今度は葉っぱをとりに行きますか。庭でもいいし、この辺りでもいいし。気になる葉っぱをとってもらって、あとで使い方をわたしが教えます。牧野さんの気分です。

神木　あはは！　牧野さんの気分！

ロギール　ＧＯ！

草花を摘む

ロギール　高知は1平方メートルのなかにも、ものすごい種類の植物がある。

神木　種類がありすぎて、牧野さんは1日中1歩も先に進まなかった日もあるって聞きました。

ロギール　さあ、葉っぱを置いてデザインしていきます。
神木　縦横は自由ですか？
ロギール　自由です。秋になったら乾燥した葉っぱをふりかけみたいにパラパラッとやるのも。
神木　そう！　ふりかけにしたくて。
ロギール　よかったら、ソバの花もふりかけに入れますか？
神木　あ、めちゃくちゃかわいい！
ロギール　終わってからでいいけど、一つひとつ指でくっつけないと。あとでバケツの残りを流して被《かぶ》せていくので。
神木　ずれないように指でくっつける。
ロギール　そうです。青い花もあったね。周りがちょっと青くなるけどいい？
神木　はい。うわ、きれい！
ロギール　ふりかけから始まる技法は初めてだね。だいたいみんな、途中から。
神木　シンプルにしたいなと思ったので。そのまま置くと必ず偏りが出るので、バランスがいいのはふりかけかなって。
ロギール　いい色だね、この黄色。スバラシイ！
神木　いい色ですよね。ロギールさんは高知に来て何年経つんですか？

ロギール　高知は42年ぐらい。

神木　おお！　どうして高知に？

ロギール　和紙のため日本に。だけど、ただ見に来ただけ。旅もしたかったし。だからこれはちょっと不思議すぎる。来たら、もうそのまま。電話して、しばらくおるよって言って、そのまんま。もちろん、途中で帰るけど。ずっと高知でほかのところは知らない。紙の産地は全国回ってるけど。

神木　すごい。

ロギール　あ！　すばらしい。黄色とブルーが。

神木　これがどういうふうに滲《にじ》んでくれるか。

ロギール　そうね。これから少し薄めたものを3レイヤーかけていく。これは溶かしている紙だから、乾いたら紙になる。だからかけすぎると、いまは透けて見えるけど、乾いたら見えなくなるから。ゆっくり葉っぱの上にかける気持ちでやる。

神木　はい。

ロギール　今日は気持ちいいね。ちょっとrelaxできる。

神木　ロギールさんが和紙に興味を持たれて一番最初に来たのが高知だったんですか？

ロギール　埼玉から沖縄の間を何か所も回って、いろんな方の話を聞いて、高知は原料が一番だったから、産地として。あと、高知に来たときにものすごくみんな親切だった。あとは仁淀《によど》川の美しさに。それでここに決めて。

神木　ここは宿泊もできるんですよね？

ロギール　はい。上に2部屋。ひと組だけ。壁紙、障子、ふすま、ランプ、全部うちの和紙よ。テレビがないから壁見るしかない。Wi-Fiはガンガン入ってるけど。

神木　できました！

ロギール　オッケー！　すばらしい。干す前にプレスをちょっとする。

神木　これを。おお！

ロギール　タオルで少し水分を取ったら、こっちから引っ張って、透かして見てください。

神木　おお〜、きれい！

ロギール　すてき。すばらしい。アーティスト！

神木　うれしい！

ロギール　これを板につけて1週間ほど乾かす。紙は乾くけど葉っぱは完璧には乾いていないので、ビニール袋に入れて置いておくとカビが生えるかもしれないので、室内で自然乾燥させたほうがいい。

神木　わかりました。ロギールさんは42年高知にいらっしゃっ

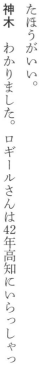

て、高知ってどういうところだと思いますか？

ロギール　半分冗談だけど、一回入ったら出られないね。良すぎる。食べ物もすごい日本のトップでしょ。魚から、山、川、どこでもそのまま泳ぐ。それは贅沢。高知は他のところに比べたら、たぶん、まだ自然と一緒に暮らしてる人たちが多い。ただ気候も激しいから。台風が来て雪が降って、風が吹いて、それでけっこう貧乏。でもおおらか。高知県民はめちゃくちゃおおらかでしょ。わたしみたいなのが来ても「どこから来た？　わからないわ、飲もう！」って（笑）。40年前はもう「どっちでもええ」って。

神木　すごいなあ。

ロギール　高知の紙の雰囲気はすごく明るい。nature powerがつくから、そこが明るい。それが高知の独特なところ。笑い顔と同じように明るい。

神木　たしかに。できあがりが楽しみです。

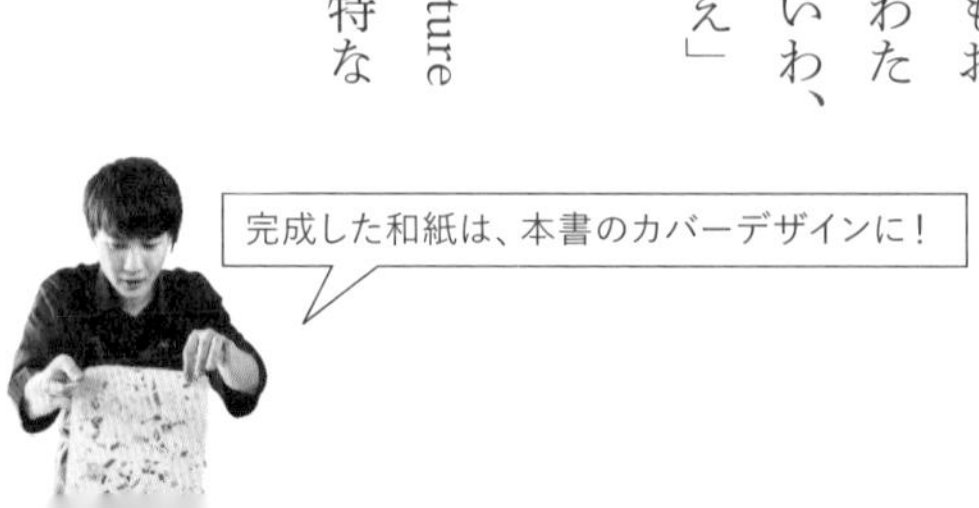

もこん炉
(MOKONRO)

土佐ヒノキのスウェーデントーチ。ブックエンドなどのインテリア雑貨としても、キャンプの調理用コンロとしても使えます。

〈主な販売先〉

the groceries shop Lokaなど

四万十ひのきの箱入りブロックメモ
(土佐和紙プロダクツ)

職人が手づくりしたヒノキの箱に、特別に漉いた土佐和紙を使った3色の層のブロックメモが入っています。色はくるみと仁淀川。
〈主な販売先〉高知 蔦屋書店など

これ知っちゅう?

ものづくり編

紙漉き体験で高知のものづくりにふれた神木。森や川、海など自然に恵まれた高知では、見て、触って、香りをかいで、自然を感じられる、日常使いの商品がたくさん作られています。

土佐手拭い
(わらびの)

高知の豊かな食材や自然を描いた手拭い。暮らしを支える一次産業の生産者を応援したいという思いから誕生しました。

〈主な販売先〉

土佐せれくとしょっぷ てんこす、ICHIBA(高知龍馬空港内)など

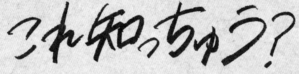

杉・桧エッセンシャルオイル
(MICIL)


スギ、ヒノキの葉を仁淀川の水で蒸留した濃度100%のクラフトオイル。大自然の中にいるような澄み切った香りが広がります。

〈主な販売先〉

the groceries shop Lokaなど

くじらナイフ
（冨士源刃物製作所）


土佐打刃物のミニナイフ。先が尖っていないマッコウクジラは、子供も使えるデザインです。

〈主な販売先〉

土佐せれくとしょっぷ てんこす、日曜市など

御朱印帳
（内外典具帖紙）

土佐和紙を使った御朱印帳。縁=円をモチーフにしたデザインです。ノートや、切り離して葉書としても使えます。

〈主な販売先〉

高知 蔦屋書店、ICHIBA（高知龍馬空港内）など

竹箸
（下本一歩）

炭焼き・竹細工職人の下本一歩さんが作る、手になじむ箸。ちょうど良い軽さで、箸先も細く使いやすいです。
〈主な販売先〉 laatikko shop（セブン デイズ ホテル プラス内）、terzo tempoなど

ゆず収穫体験

その温暖な気候から、柑橘《かんきつ》類の栽培が盛んな高知県。なかでも生産量日本一を誇るのがゆず。およそ８００年前にゆずが伝えられたとされる馬路村では、ゆず胡椒などに使われる青ゆずの収穫が行われていました。青ゆずとは冬季に流通する黄色いゆずの若い実です。馬路村農業協同組合の長野桃太さんに教わりながら、神木がゆず収穫を体験します。

長野「ゆずはトゲがあるんで気をつけてくださいね」
神木「あ、ほんとだ！ それで革手袋なんですね」

長野「8月～9月にかけて、この青ゆずを収穫して皮をむいて、ゆず胡椒用の原料として加工もするんです」
神木「あ～、ゆず胡椒！」

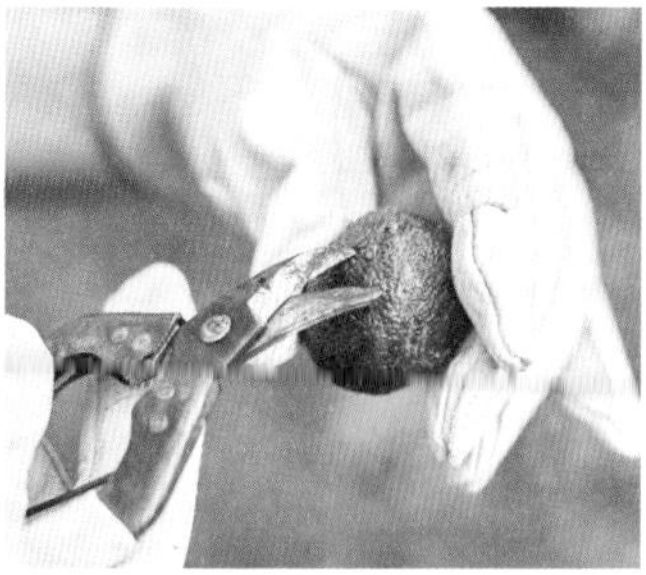

長野「ハサミで皮に傷をつけて、においをかいでいただけたらと思います」
神木「いいんですか？　あ、めちゃくちゃいいにおい！」
長野「ゆずの香り成分は皮に含まれていまして、皮を傷つけて精油分を弾けさせることによって香りが広がる」
神木「へえ～。実じゃないんですね」

馬路村とゆず

話し手
馬路村農業協同組合
長野《ながの》桃太《ももた》さん

神木　ここでは、どれくらいのゆずが採れるんですか？

長野　全国のゆず生産量が2万トンありまして、そのうち約半数の1万トンを高知県が占めております。さらに、そのうちの８０００トンが馬路村で生産されているんです。

神木　へえ～。日本のゆずの約半分は高知県産なんですか？

長野　そうですね。古くからゆずの栽培が盛んで、特に中山間地、山間地が非常に多い土地柄ですので、山間地で栽培しやすい柑橘がゆずだったと。

神木　昔から、ここはゆずの産地だったんですか？

長野　そうですね。日本のなかでも、たとえば京都や埼玉にも古くからゆずの産地というのはあったんですけど。

神木　埼玉にも！　知らなかったです。

長野　そうなんです。毛呂山《もろやま》町というところなんですけれども、そこでも古くからゆずの栽培が盛んに行われていて。高知県には８００年前に平家の落人《おちうど》が関西圏から高知県の山間地にゆずの種を持ち込んだといわれております。

神木　へえ～、そんなに昔から。ゆずを使ったお土産もたくさんありますよね。

長野　馬路村の場合は青果での出荷はほぼなくて、ゆずのドリンクになったり、ゆずのぽん酢になったりと、加工用が99・9パーセント以上の割合になっております。

神木　それはどうしてですか？

長野　馬路村に来ていただいてわかるように、山しかない。96パーセントが森林という土地柄なんですね。非常に日照時間も少なくて、朝の10時頃に陽が昇ってきて、15時ぐらいになると陽が山に隠れてしまうという立地から、なかなか大ぶりのゆずの玉ができないんです。すべて小ぶりのゆずの玉になってしまって、青果向きのゆずの玉が採れないという土地柄でもあるんです。

神木　日照時間でそんなにも違うんですね。
長野　そうですね。なので、どちらかというと、山間地より太平洋沿いの産地のほうが大ぶりで青果向きのゆずの玉ではあるかなとは思います。馬路村は96パーセントが森林なので、限りある段々畑にゆずを植えていって。いま190軒の農家がこの馬路村におられます。
神木　へぇ〜。それはどのくらいの割合ですか？
長野　馬路村は人口が830人ほどなんですけれども、世帯数でいうと、だいたい400世帯。そのうちの190軒がゆず農家というと、約半数がゆず農家という割合になります。
神木　そこまで村全体がみんな、ゆずを。
長野　そうですね。11月がゆずの収穫の最盛期なんですけれども、その時期は家族総出でゆず採りを行う日々になりますので、ゆずに関わりを持っていない村民はゼロと言っても過言ではないかなと思います。
神木　すごいですね。どのくらい採れるんですか？
長野　11月の1か月間で約800万個の収穫を行っています。

神木　えー！　11月はめちゃくちゃ忙しいですね。そこからさらに加工ですもんね。

長野　そうですね。収穫されたゆずを、すぐ搾って果汁と皮に分けて、果汁はそのままぽん酢だったりドリンクになっていったり。皮はゆずのジャムだったり、ゆず茶だったり。そういった皮を加工した製品もたくさんあるので、ほんとに無駄なく使っています。ゆずは全体の10パーセントぐらいが種だといわれてまして、非常に種が多い柑橘なんですが、種から油を搾って化粧品に活用しています。

神木　へえ〜！　種から油。すごい。

長野　限りある栽培面積のなかで、限りあるゆずを最大限活用しようということで、そうした商品開発がかなり、全国のなかでも進んだゆず産地なんじゃないかなと思います。

神木　へえ〜、すごい！

長野　ゆずのドリンクを冷やしていますので、ぜひ召し上がってください。この畑で飲むと、よりおいしいかもしれません。ゆずとはちみつと村に流れる安田川の水で作ったドリンクで、うちの看板商品です。

神木　キンキンに冷えてる！　わ、めちゃくちゃおいしいです！

長野　ありがとうございます。

神木　めちゃくちゃおいしい。こんなスッキリな味、は

じめてです。
長野　この土地でゆずを栽培して、さらにこの馬路村の水でないとたぶん、その味にならないと思いますし、同じ配合をしても、馬路村でしか作れないゆずドリンクになっているんじゃないかなと思います。
神木　めちゃくちゃおいしいです。ほんと飲みやすい。
長野　ありがとうございます。

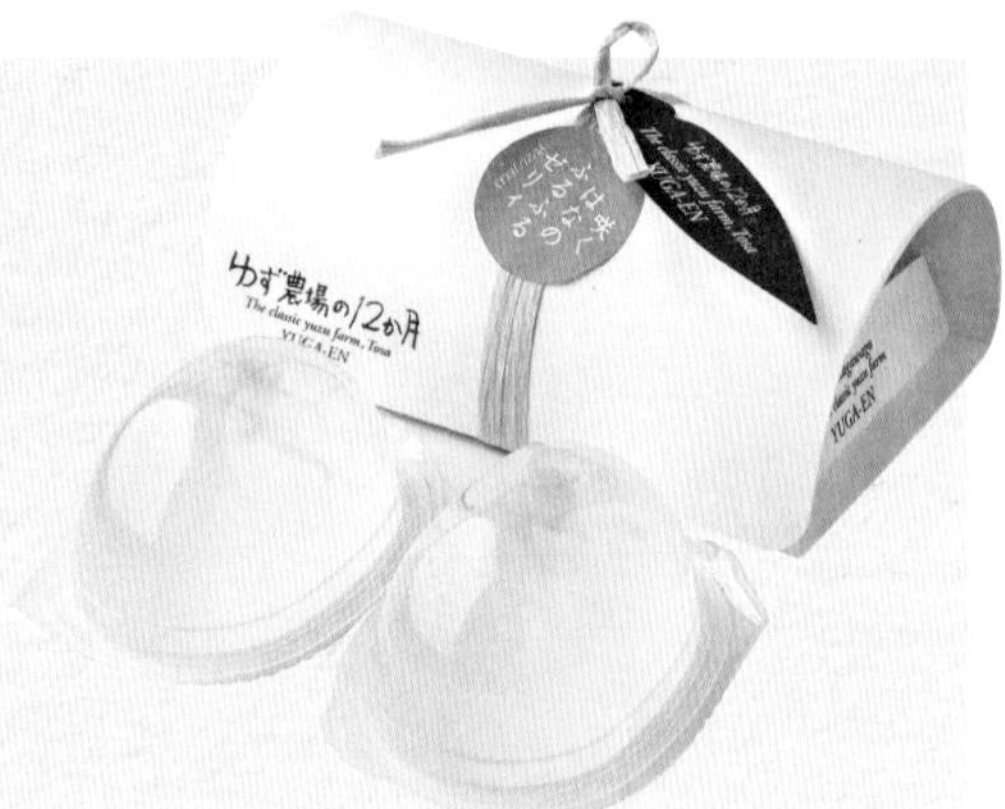

ゆずの村 ハンドクリーム
（馬路村農業協同組合）

保湿効果のあるゆず種子油とはちみつを使用。肌なじみの良い天然成分が、乾燥や手荒れから保護。ゆずの優しい香りに癒やされます。
〈主な販売先〉
とさのさと AGRI COLLETTO、
土佐せれくとしょっぷ てんこす など

咲くはなのふるふるゼリィ
（池田柚華園）

ゆずの白い花をシロップ漬けにして入れたやさしい口どけのゼリー。ゆずの爽やかな甘酸っぱさが口の中に広がります。
〈主な販売先〉
とさのさと AGRI COLLETTO、
ビッグサン（高知龍馬空港内）など

これ知っちゅう？
ゆずの商品編

日本一のゆず産地、高知では、ほぼ1年を通してゆずの収穫が行われます。新鮮な果実は各家庭で使用されるほか、果汁はもちろん皮や花、種まで加工されて商品に。

EIMONS BATH 酒かす入浴剤 柚子の香り
（EIMONS）

四万十町の老舗蔵元「文本酒造」の純米酒かすと馬路村のゆずを配合した、しっとりうるおう入浴剤。心地良い香りに癒やされます。
〈主な販売先〉
土佐せれくとしょっぷ てんこす など

ゆずジャム
（池田柚華園）

ゆずを砂糖だけで煮つめたジャムは、口に入れたとたん香りが広がります。ぷちぷちとした果肉の食感が特徴です。
〈主な販売先〉
とさのさと AGRI COLLETTO など

do you know this?

塩の道マーマレード
しおゆず／しおゆずおかず
(奥ものべじじばばあんぜん会)

奥物部のゆずをまるごと使ったマーマレード」、ゆず皮と砂糖、醤油、酒[illegible]てじっくり煮詰めた佃煮。どちらも入手困難な田野町の天日塩「塩二郎」が使われています。
〈主な販売先〉the groceries shop Loka、土佐せれくとしょっぷ てんこす など

ゆずドリンク
(岡林農園)

仁淀川流域で土づくりからこだわり栽培されたゆずと、てんさい糖を使ったドリンク。爽やかな香りですっきりとした味わいです。
〈主な販売先〉
とさのさと AGRI COLLETTO など

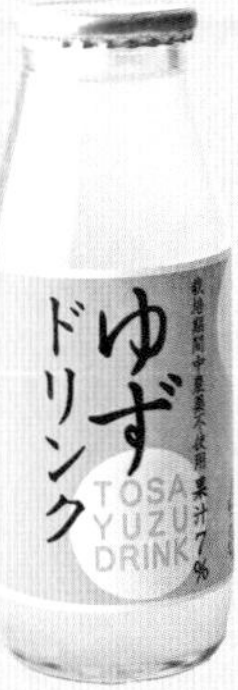

高知クラフトコーラ “sawachina”
(Thumbs Up Works)

青ゆず、ぶしゅかん、有機生姜、ヤブニッケイ、黒糖など県内産の8つの素材を使ったクラフトコーラの素。爽やかでスパイシーな味わい。
〈主な販売先〉
高知 蔦屋書店、
the groceries shop Loka など

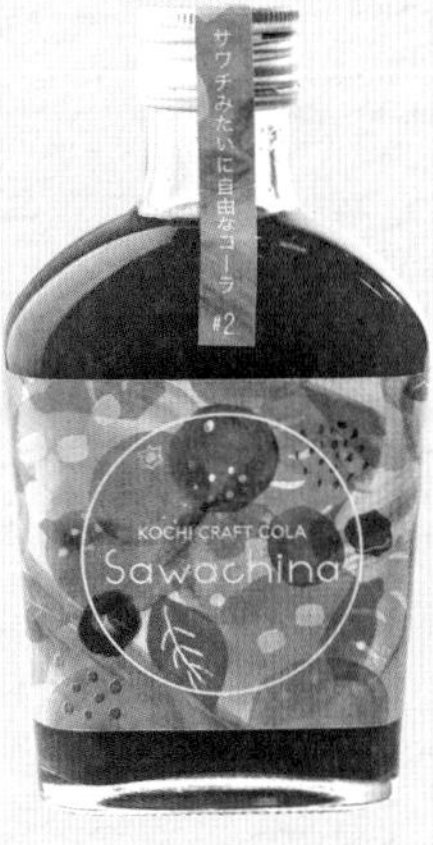

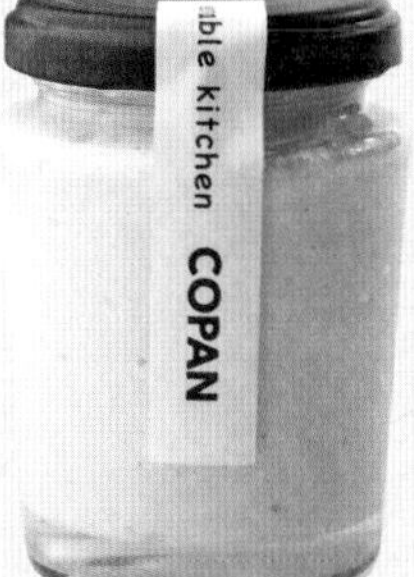

高知産ゆずの香る豆乳マヨマヨ
(畑の食堂コパン)

野菜をもりもり食べられる、ゆず果汁を使用した卵不使用のマヨネーズ。豆乳、米油、ゆず酢、てんさい糖、塩のみで作っています。
〈主な販売先〉
the groceries shop Loka、
とさのさと AGRI COLLETTO など

ごっくん馬路村
(馬路村農業協同組合)

畑直送で鮮度の高いゆずを、すぐに搾って作ったはちみつゆずジュース。世代を問わず人気です。P.84でいただいたジュースです。
〈主な販売先〉
とさのさと AGRI COLLETTO、
土佐せれくとしょっぷ てんこす
など

和紙スタジオ かみこや

高岡郡檮原町太田戸1678

☎ 0889-68-0355

馬路村ふるさとセンター
まかいちょって家

安芸郡馬路村馬路382-1

☎ 0887-44-2333

9:00〜17:00

休 年末年始

3 海の牧野植物園?!

～碧い里海、柏島へ～

高知県南西部に位置する大月《おおつき》町柏島《かしわじま》は、海水の透明度の高さから、船が宙に浮いているように見えるほど美しい海が広がる絶景スポット。ダイビングやシュノーケリングを楽しむ人々で賑わうその島を、まるごと博物館だと捉え、「黒潮実感センター」という海のフィールド・ミュージアムを立ち上げた神田《かんだ》優《まさる》さん。さらに、高知県南東部、室戸《むろと》市にある「むろと廃校水族館」に伺い、高知の海を実感してきました。

Masaru Kanda

神田 優

1966年高知市生まれ。高知大学農学部栽培漁業学科卒業後、東京大学海洋研究所で大学院博士課程修了。農学博士。専門は魚類生態学。1998年に“島が丸ごと博物館”という構想のもと、柏島に単身移住し、2002年NPO法人黒潮実感センターを立ち上げる。現在、センター長。2007年より高知大学大学院黒潮圏総合科学専攻客員准教授。2010年より神戸大学非常勤講師。

海洋生物学と里海

神木　神田さんは、海洋学の先生なんですか？

神田　海洋生物学の研究者です。

神木　どんなことを調べていらっしゃるんですか？

神田　専門は魚類生態学なんですけど、標本としての魚じゃなくて魚の生きている様を見たいと思って、自分で海に潜って魚の生態を観察して、その形態との関連性を調べるということをやっています。なのでスキューバで海の中に潜っている時間が、かれこれ７０００時間とか８０００時間とかに。

神木　すごい！　８０００時間?!

神田　幼少期から生き物が好きで、幼稚園の頃から将来の夢は何かって聞かれたら、生物学者になるんだって言い続けて、ずっとそのまま来ました。高知出身で、釣りが好きで、泳ぎが得意で、潜りが達者で、そうやって海のほうに収斂《しゅうれん》していった結果、魚類学者になったという感じです。

神木　幼稚園のときから。

神田　植物から昆虫や哺乳類、全部好きでして。それこそ牧野富太郎博士にも憧れて、植物標本を作ったりもしました。

神木　へぇ〜！

神田　この柏島に出会ったのは大学の1回生のとき。それまで高知県のありとあらゆる海は潜っていたんですが、初めてこの柏島を見たときに、良い意味で裏切られた感があったんです。

神木　裏切られたとは？

神田　高知県は温帯の海なのに、突然、目の前に亜熱帯のサンゴがびっしり並んで、魚がうじゃうじゃいて、「なんじゃこれ！」って。海水の色はこんな色ですし、一瞬で虜《とりこ》になったんです。でもまさか自分がここに移住して、こういう活動をするとまでは、そのときは思っていなかったです。

神木　もともとは高知市内ですか？

神田　太平洋が目の前に広がる長浜《ながはま》というところです。龍馬さんの像がある桂浜《かつらはま》のすぐそばの生まれなんですよ。

神木　あ、そうなんですね！

神田　歩いて行けるぐらいの距離です。柏島との出会いがあって、魚の研究だけじゃなくて、この魚を育んでいる柏島の海の環境にもどんどん関心が移っていって、単なる魚類研究よりも、環境も含めて高知にこだわりたいなと。それこそ海の牧野植物園のようなものをここにつくりたいという思いで1998年に移住してきたんです。

神木　おお〜！　海の牧野植物園！

神田　そういったかたちで、魚から始まって、魚を取り巻く海の環境にも目が移り、ここは絶海の孤島じゃないので、その環境というのが取りも直さず人との関係性のなかで成り立っていることということで「里海《さとうみ》」という言葉を作ったんです。生き物って基本的に言葉が喋れない、もしくは喋っていても人間にはわからないので、海の生き物の言葉を翻訳して人に伝えるようなことがしたくて、ドリトル先生のようになりたいと思っていた少年がこういう中年のおっちゃんになってしまったという感じです（笑）。

神木　いやいや、すごくすてきです。叶《かな》えられてることがすごいです。

ミックスされた海

神田　魚類学者としての夢は叶ったけど、その次のステップとして、人と海とのより良い関係を作るということに約20年前からチャンネルが少し変わってきたんです。だけどわたし自身が取り組めることなんて、たかだか数十年しかできないので、その間にポスト神田みたいな子供を何人世の中に残せるかなみたいなことで、いま里海教育っていうのをやっています。魚から環境、そして人、次に子供の教育っていうのに重点がシフトしていってます。

神木　なるほどなあ。いままで潜ってきた海と、柏島近辺の海って、どう違うんですか？

神田　学生時代からあちこちの海に潜ってきて、それこそ沖縄の慶良間《けらま》諸島の座間味島《ざまみじま》っていう島があるんですけど、そこは慶良間ブルーって言われるぐらい、この色よりもさらに、作り物の入浴剤の色じゃないかっていうぐらいきれいなブルーなんですよ。すごく感動して、そこ

KASHIWAJIMA
DIVING & RESORT

思っている人が大半を占めている高知県民ならではだと思うんですけれども、なんかやっぱり高知の海に惹《ひ》かれていて。それで高知に帰ってきたら、座間味は亜熱帯の海で、すごいキラキラして魚も多いんですけど、ここは亜熱帯の海と温帯の海がミックスされて凝縮されているんですね。何人かの魚類研究者が、柏島で魚の調査をしてわかったのは、柏島は１１５０種類を超える魚がいるんです。これは日本で一番多い。

神木　ええー?!　それはミックスされているから?

神田　そういうこともあります。それだけ多くの魚が棲《す》めるような海がここにはあって、そういった深みが柏島のすごさだと。サンゴもあれば、岩場もあれば、藻場もあるっていう幕の内弁当のような。特にこの港は深いんですけれども、湾内でマグロの養殖もしていて水深が50メートルもあるんです。

神木　マグロ?　マグロって沖に出て獲《と》るイメージですけど、ここは近くに?

神田　湾内が深いということと、潮の流れが速いということがあって、いまはなくなりましたが昔あった定置網にキハダマグロもホンマグロも入ってきたんです。

神木　ホンマグロも?!

神田　はい。一番多いときは一網にキハダマグロが２４００本も入ったことがあるそうです。ありえないところでしょ?　世界中見てもほかにないなと思って。

神木　聞いたことないです。

神田　マグロがこの港の中でぐるぐる回ってて、透明度が高いから、群れが来ると黒々とするんです。

神木　へぇ〜！　さっき噂《うわさ》に聞いたところ、運が良ければイルカも。

神田　そう。3年前の11月10日にイルカの親子がフラッと来たんですけども、居心地が良くて居ついてしまって。1メートルだったイルカの子供はいま2メートル半ぐらいに大きくなって。この船の下をくぐったりとかして、犬っころみたいについてきます。

神木　かわいい〜！

神田　すごい海です。

神木　ほんと、マグロとイルカの話を同時に聞くことってないですよ。それほど棲みやすいっていうのもあるし、亜熱帯と温帯の海がミックスされているからこそなんですね。

神田　そうですね。とにかくここは魚と人との距離がすごく近いんです。わたしが初めて来たときに、魚の種類が多いだけじゃなくて、魚が触れるところにいくらでもいることに驚いたんです。魚が全然、動じないというか、人を怖がらないのが柏島の魅力で、昔から漁業を中心として成り立ってきたのにもかかわらず、魚が人を怖がらずにいる。ちなみにわたしの得意技が魚の手摑《てづか》みなんです。魚の進路の逆をつくわけですよ。「いま魚がこっちを警戒してるな」と思ったら、目をそらしてすっと横を向くんです。それで「いま警戒を解いたな」と思った瞬間に手を伸ばして。

神木　心理戦じゃないですか！

神田　今日の晩御飯のカワハギゲット！　って。
神木　すごいですね。
神田　ここは、ありとあらゆるおいしいものがいっぱいあるので、子供に言うのは、「海は我が家の冷蔵庫」って。貝が食べたい、魚が食べたいと思ったら、居る場所を覚えてるから獲りに行って食べるんです。
神木　すごいなあ。

気候変動の影響

神田　でも、それだけ豊富な海洋資源がある海が、いまはきれいに見えても、地球規模の気候変動によって、どんどん温暖化が進んできてるんです。もともと、この浜は春は3メートルぐらいの海藻がいっぱいあったんですけども、これが10数年も生えなくなってしまって、藻場がなくなる磯焼けっていう状況がひどくなってきています。いい海だけじゃなくて、20何年見てきているなかでの海の変化もちゃんと伝

えていけたらなと思っています。

神木　そんなに深刻な変化があるんですね。僕は埼玉出身で海に縁がないところなので余計に思うんですけど、ふだん生活しているなかで、海が温暖化で大変なことになっていると知っても、どこかすごく遠い話に聞こえる人たちも多いと思うんです。

神田　そういう人がほとんどだと思います。いまわたしが取り組んでいるのが、海洋教育と水産業の連携で、地球規模の気候変動を誰が一番如実に感じているかっていうと、農林水産業で自然と対峙《たいじ》して生活している人たちなわけです。そういった人たちの、作物ができなくなったとか、水産物が獲れないといった、切実な声が都市部の人になかなか届いていないんですよね。

神木　そうですよね。

神田　食べ物にしたら、日本のものじゃなくても、東京にいたら、全国、世界から来るじゃないですか。

神木　来ますね。

神田　だから、そういった危機感がまったく伝わらない。こうやってエコツアーをやってるわたし自身、大きく声をあげても、所詮マイノリティなんです。だけど、それでもわたしたちは、都市部の多くの人にそういった危機感を伝えなきゃいけない。その糸口になるのが「食」だと思うんです。

神木　都会では、ふだん食べているものや飲んでいるものの産地がどこだとか、そういったことすらあまり気にしないで生活している人のほうが多いですよね。神田さんのお話を都会のみなさんに届けたいです。最後に、神田さんにとって高知ってどんな場所ですか？

神田　高知ですか。高知はね～、自分のなかのすべてですね。高知がなかったら、わたしはもちろんいませんし、やっぱり高知県民は、片田舎やけども、いつも胸を張ってる感があるんですよね。「どうだ、俺のとこすげえだろう！」ぐらいにね。「こんなにうまいもんが食えるぞ」とか、「こんだけ景色もいいぞ」って。金はないけど飯はうまい（笑）。

神木　昨日も梅原真さんが、お金はないけど笑いがあって底なしに明るいって、おっしゃってました。

神田　幸せなんですよね。笑い飛ばせるところがね（笑）。

柏島のアクティビティ

KASHIWAJIMA ACTIVITY

アオリイカのオーナーになれる?!
柏島で実践、海の中の森づくり

柏島の海の環境を表すべく、神田さんが提唱した「里海」という言葉。そこには山（森）と海、そして人との、切っても切れない関係についての思いが込められています。

森は海の恋人と言われるように、森林のある山に降る雨はやがて、栄養分が豊富な水となって海に注ぎます。そのおかげで海藻やプランクトンが増え、生き物が豊富に育つ海になるのです。
しかし近年は、海藻が生えなくなる磯焼けや、地球温暖化の影響で海水温が上がって起こるサンゴの白化など、深刻な問題が見受けられるようになってきました。

そんな海の問題について知ってもらうきっかけになるようにと、黒潮実感センターでは、2013年から毎年「アオリイカのオーナー」を募集されています。
アオリイカの産卵床となる間伐材を1本1万2000円で購入すると、イカへのメッセージプレートが送られてきます。そこにメッセージやイラストを描いて送り返すと、海底の産卵床に取り付けてくれます。その年に生まれたイカは秋から冬に大きくなり、漁師の方に釣られます。その漁師さんが釣ったイカ約1キロと、さばき方の説明、マイ産卵床の海中写真がお返しとして届きます。

柏島の漁師やダイバーたちがコラボレーションした海の中の森づくり活動にぜひ、みなさんも協力してみませんか？

ACTIVITY

クリアカヌー

船底が透明なカヌーに乗って海の中の生き物たちを観察。海と陸、空の景色を同時に楽しめるのが醍醐味です。

海の世界をのぞいてみよう！

柏島は島がまるごとミュージアム。周囲3.9キロメートルの小さな島には多種多様な生き物が暮らし、子供も大人も楽しめる遊び場、学び場がたくさん。スキューバダイビングやシュノーケリングのほかに、こんな体験も！

海のナイトサファリ

懐中電灯を使って、岸壁や海面、海中で暮らす生き物を探索。寝ている魚や夜行性の生き物に出会えます。

ウミガメ観察

柏島周辺の海にはウミガメが生息しています。シュノーケリングなどで見られるほか、岸からも水面に顔を出すウミガメを見ることができます。

かつおの塩辛
（土佐まなべ商店）

新鮮で貴重なカツオの内臓を塩のみで熟成。米酢を加えたまろやかな風味は、調味料としても幅広く使えます。
〈主な販売先〉
キヨスク高知銘品館（JR高知駅内）、
the groceries shop Loka など

きびなごペースト
（土佐佐賀産直出荷組合）

キビナゴを黒潮町の天日塩に漬け込み１年熟成・発酵。国産にんにく、有機エキストラバージンオリーブオイルを加えペーストに。
〈主な販売先〉
the groceries shop Loka、
とさのさとAGRI COLLETTO など

室戸金目鯛のこだわりコンフィ 燻製
（スカイ アンド シー・ムロト）

室戸の深海から水揚げしたキンメダイのオイル煮。桜チップの薫香と、海洋深層水塩がキンメダイの旨味を引き立てています。
〈主な販売先〉
ICHIBA（高知龍馬空港内）、
the groceries shop Loka など

これ知っちゅう？

海の恵み編

太平洋に面した高知。その海岸線は700キロを超えます。東の室戸岬から西の足摺岬を結ぶ土佐湾、愛媛との県境にある宿毛湾など、黒潮がもたらす恵みはカツオのほかにも。

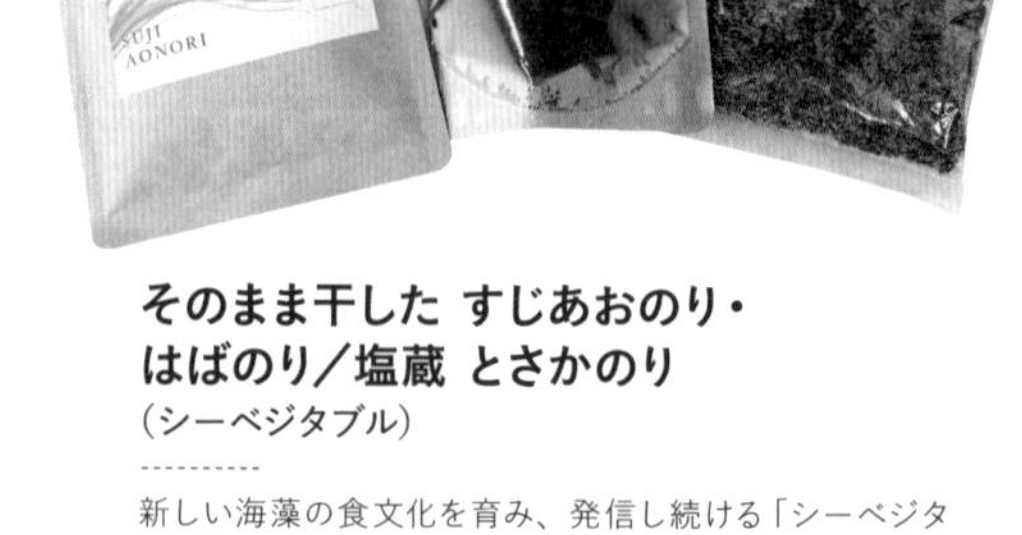

うつぼよろし
（八重丸水産）

海のギャング「ウツボ」をカリカリに揚げたスパイシーなつまみ。ウツボが入荷した時のみに製造する貴重な一品です。
〈主な販売先〉
土佐せれくとしょっぷ てんこす など

そのまま干した すじあおのり・はばのり／塩蔵 とさかのり
（シーベジタブル）

新しい海藻の食文化を育み、発信し続ける「シーベジタブル」。海の生態系を豊かに育みながら、おいしい海藻を陸上／海面栽培しています。
〈主な販売先〉
the groceries shop Loka など

do you know this?

だし屋の女将が作っただし茶漬け かつおのはらんぼ・さば

（徳屋商事）

カツオのはらんぼ（トロ）、サバが入った本格的だし茶漬け。だしには高知県産宗田節と鹿児島県産カツオ節、昆布や椎茸を使用。

〈主な販売先〉
とさのさとAGRI COLLETTO、
土佐せれくとしょっぷ てんこす など

きびなご魚醤／カタクチいわし魚醤

（土佐佐賀産直出荷組合）

天日塩に漬け込んで寝かせ、熟成・発酵したものをひと晩かけてじっくり搾った上品な風味の魚醤。きびなごは刺身に、カタクチいわしは料理の隠し味に合います。

〈主な販売先〉
the groceries shop Loka、
とさのさとAGRI COLLETTO など

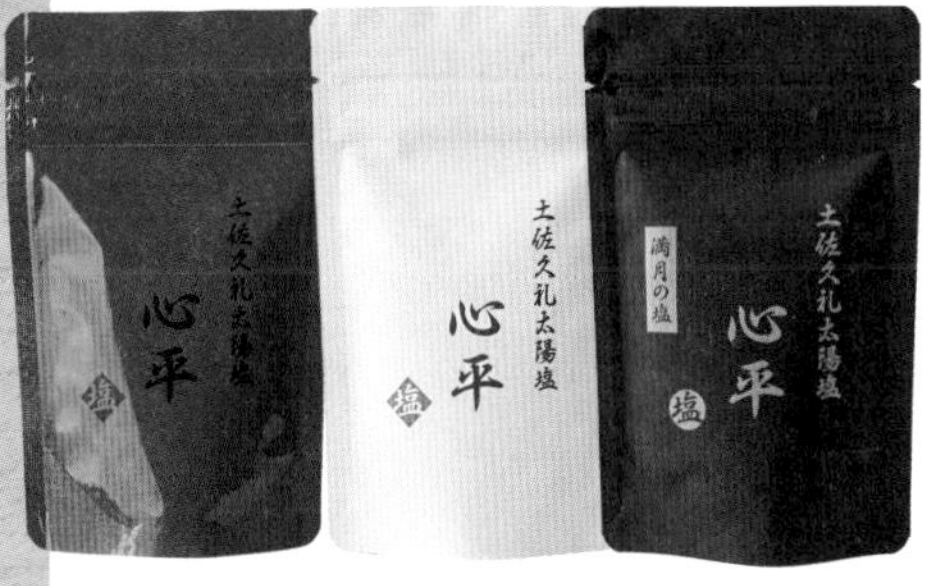

土佐久礼太陽塩 心平 超粗塩／ミックス／満月の塩

（小川製塩所）

中土佐町久礼の海水から太陽光のみで作るプレミアムな天日塩。左から超粗塩、ミネラルたっぷりのミックス、満月の日の海水で作る満月の塩。

〈主な販売先〉
とさのさとAGRI COLLETTO など

だしが良くでる宗田節

（ウェルカムジョン万カンパニー）

だし醤油が自分で作れるキット。約1年間、宗田節からだしが出つづけるので、繰り返しだし醤油が作れます。

〈主な販売先〉
土佐せれくとしょっぷ てんこす、
とさのさとAGRI COLLETTO など

廃校水族館へ

2001年に休校し、2006年に廃校になってしまった室戸市の旧椎名小学校。15年以上子供の声が消えてしまっていた学校が、2018年にむろと廃校水族館としてオープン。地元の定置網にかかったウミガメや魚がプールや校舎内の水槽で泳ぐ、とても変わった水族館として、いまでは多くの観光客が訪れる場所となっています。

若月「この習字、イカスミで書いたんです」
神木「え?! イカスミで書いたんだ!」
若月「イカスミの匂いがするか、かいで確かめてる方もいらっしゃいます（笑）」

若月「こちらが手洗い場を利用したタッチプールです」
神木「タッチプール！ 確かに小学校の手洗い場だから子供の高さに合ってる」

神木「え？ 跳び箱？」
若月「跳び箱は全力疾走でジャンプしても耐えられるので、とても丈夫な台なんです。だから、水槽の台にはもってこいです」
神木「へえ〜、めちゃくちゃかわいい」

若月「こちらがボラですね。ボラはおもしろくて、餌をあげるときにものすごい集まってくるんです」
神木「わ、ほんとだ！　すごい」
若月「ふつうの水族館だとイワシがぐるぐる回ってるんですけど、イワシは高くて。でもボラもきれいでしょ」

若月「これはウミガメの腸から出てきたレジ袋です。あとサメの胃袋から出てきた網。いままでもこういうのが出てきたら取っておいたんですけど、取っておくだけじゃなくて展示しようと。実際に海だと流れがあるので、特にレジ袋なんかは生き物の興味を引くのかなと思うんです。水の中に入れてゴミを展示して、海の現実を見せようと」
神木「クラゲみたいですね」
若月「そうなんですよ。いまやこのゴミが役割を担ってしまって、お魚の産卵場所になったりするから、新しい海の仲間たちっていうタイトルにしたんです。ちょっと皮肉が利きすぎているかもですけど」
神木「考えさせられます」

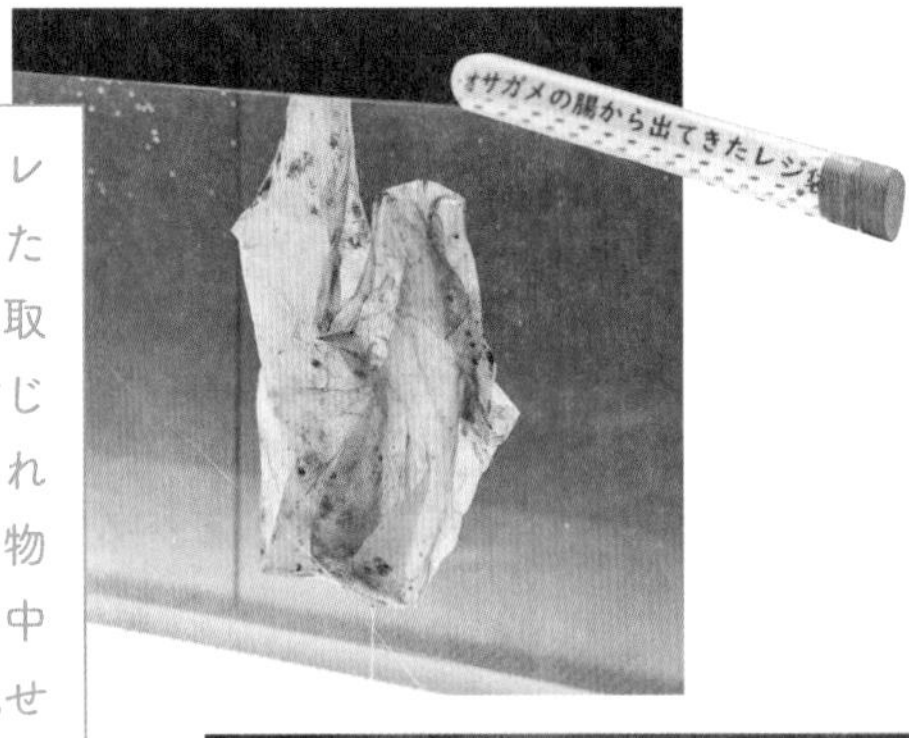

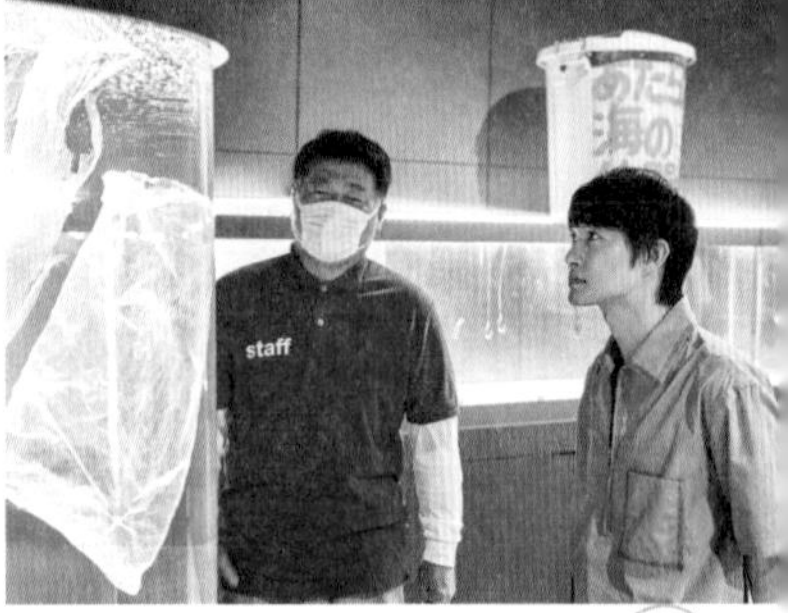

若月「サイズが4種類あって、これは出世サイズですね」
神木「4等でもこんな大きいんですか。4等レベルじゃないですよ。めちゃくちゃ大きいし。うれしいです」
若月「最初は売れないって言われて。いや、売れなくていい、わたしたちと漁師さんたちがうれしければそれでいいですと言ったら、ブリはもう6万匹を超えましたね。サバが2万匹超え。シュモクザメが1万8000匹ぐらいで、3種類合わせてもうすぐ10万匹。四国中にこのぬいぐるみくじが広まって。だいたい高知県の若者の車にはこれがあります」
神木「すごい!」

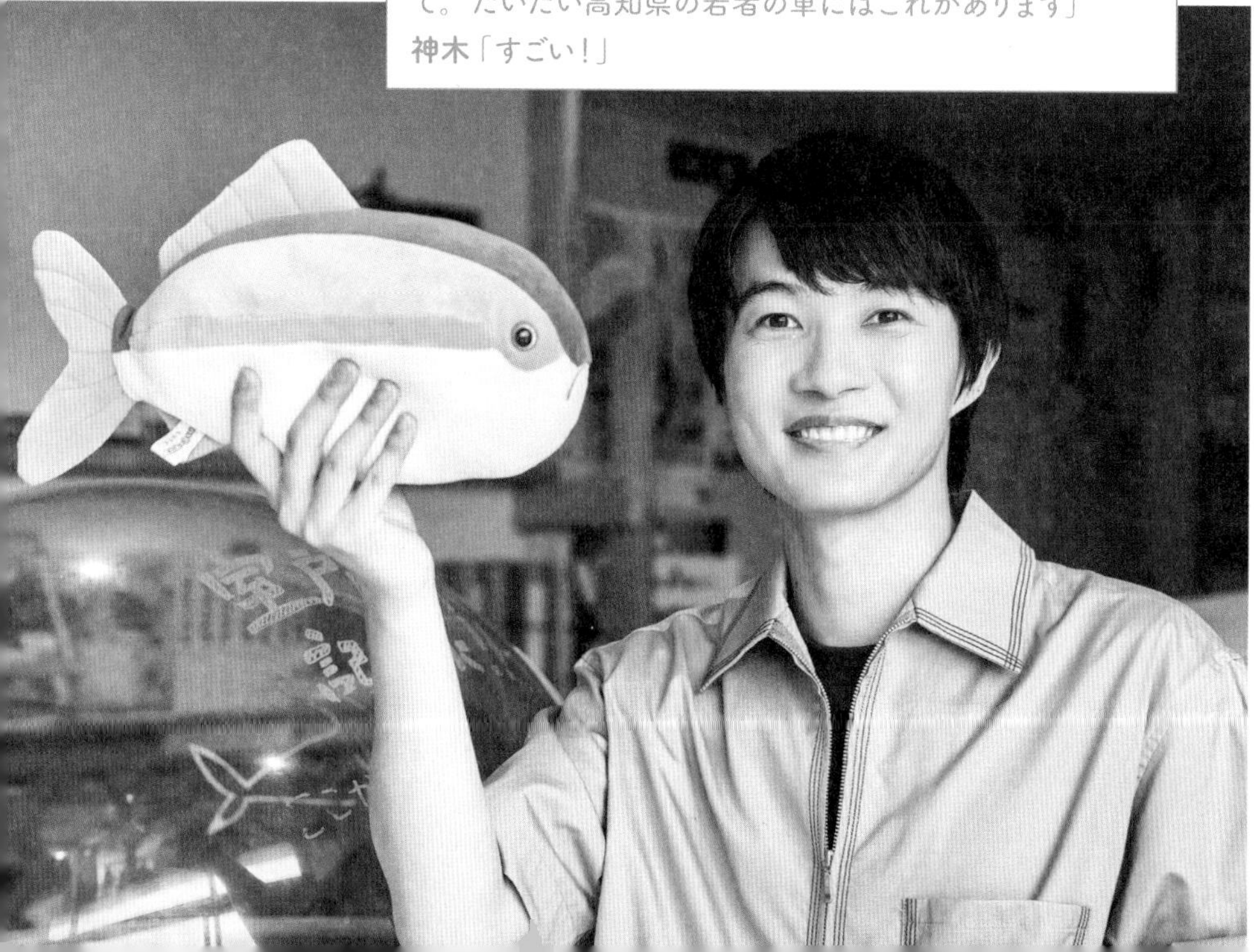

きっかけはウミガメ

話し手
むろと廃校水族館館長
若月元樹《わかつきもとき》さん

神木　なぜここで水族館をやっているんですか？

若月　そもそも我々は、日本ウミガメ協議会というウミガメの調査やウミガメ関係者のネットワークづくりをするNPO法人なんです。

神木　そうなんですね！

若月　ここは定置網漁が盛んで、定置網に入るウミガメをずっと調べているんですけど、我々の調査に、漁師さんがどんどん協力してくれるようになって。だけどそれとともにどうしても経費もかかってしまうので、この場所で継続的に調査活動を続けていくには、何かを運営して収入を得るしかないと、水族館の運営を室戸市に提案したんです。調査用の資材や機材の置き場にもなるとい

うことで。
神木　なるほど。では、いまも生態を調べていらっしゃる。
若月　そうですね。定置網に入るウミガメを調べたり、全国から学生の研修を受け入れたり、学び舎としての機能も復活したのかなというところですね。
神木　へぇ〜。
若月　研修に来ていた学生が4名、漁師になってるんですよ。水族館で働きたいと思って来る生徒が多いんですけど、水族館だけが海や魚の仕事じゃないよ、漁師という選択肢もあるよということで、もう4人も。
神木　すごい。
若月　気分的には宮沢賢治のつもりで。
神木　宮沢賢治？
若月　宮沢賢治は教師時代に百姓になりなさいと生徒たちに言って、どんどん百姓にしていったんです。それで最後は自らも百姓になった。だからわたしは最後に漁師になる可能性があります。
神木　じゃあ漁師になる子たちは、この地域の人たちではないということですか？

若月　全然違うんです。農家さんとかでもそうだと思うんですけど、農家の息子はなかなか農業をやりたがらないですし、漁師の息子もなかなか漁業をやりたがらない。そんなもんだと思います。でも、ほかの土地から来る人は漁師になりたいと思う人もいるんだけど、どうやってなったらいいかわからない。なので、その橋渡しになっている気もします。

神木　めちゃくちゃすてきですね。

若月　ここの定置網の組合長さんも、ここが盛り上がって、人が増えて、隣にまた小学校を作ってほしいって言ってます。

神木　めちゃくちゃいい循環というか、周りにすごく良い影響を与えている気がします。

若月　そうですね。また交通の便もわるいのが、むしろ売りになるんじゃないかなと思って。なかなか来るのが大変なところだからこそ行く価値があるのかなと思っているので、そういう価値を見出してくれる方が増えるようにがんばっていきたいなと思っています。

神木　ふつうの水族館では見られない距離感で見られますしね。

若月　かなりふつうじゃないですね。しかも一匹も買ってないですからね。

神木　いや、すごいですね。

若月　さらにうちには屋外大水槽というのがあるんですけど、そこは自然の太陽光のもとで魚の色を感じられる。

神木　プールですね（笑）。

若月　はい。25メートルの幅があるので。

神木　大水槽か。いやあ、すごい。

PHOTO SPOT

坂本龍馬像（桂浜公園）

sakamoto ryoma zo
katsurahama koen

NPO法人黒潮実感センター

幡多郡大月町柏島1

0880-62-8022

8:30〜17:30

不定休

むろと廃校水族館

室戸市室戸岬町533-2

0887-22-0815

9:00〜18:00
（10月〜3月は9:00〜17:00）

無休

4

次世代にわたすバトン

～皿鉢料理を作る、味わう～

土佐には「おきゃく」と呼ばれる文化があります。「おきゃく」とは高知弁で宴会のこと。知っている人も知らない人も関係なく、老若男女が席をともにして食事をし酒を酌み交わす、人懐っこい高知の人たち独特の文化です。そんな「おきゃく」に欠かせないのが皿鉢《さわち》料理と呼ばれる、大皿に盛られた料理。山海の美味が盛り付けられた大皿の主役、土佐寿司の作り方を、96歳の松﨑淳子《まつざきあつこ》先生に教わりながらお話を伺います。さらには、カツオのたたきの藁焼き体験も！

Atsuko Matsuzaki

松﨑淳子

1926年生まれ。土佐伝統食研究会会長。よい食生活をすすめるネットワーク会長。土佐学協会副会長。こうち男女共同参画ポレール代表。高知県立大学の名誉教授として、長年、調理学や栄養学を研究。96歳を超えたいまもなお、土佐郷土料理の豊かさを伝え続けている。

ごはんはご馳走

松﨑　さあ、卵から作ろうか。これが土佐ジローの卵。土佐地鶏とロードアイランドレッドの交配だから土佐ジロー。ほんで、まずこのごはんひとかたまりが1合なが。ごはんもご馳走なが。ごはんもよけじゃないといかんが。それをね、こうやって崩してくれる？　ほんで、両端をこうやって。四角にしようよ。
神木　はい。
松﨑　次は、指で道をつけて、川を作って、セイソウ、いまはオオバ言うかね。けっこういっぱい入れちゅう。全部入れていいよ。
神木　全部?!　じゃあ、もうちょっと。
松﨑　そうそう、よくできた。ほんなら、こことここをね、くっつけるのよ。
神木　こことここ？
松﨑　そうそう。こうやって。キュッてやるよ。
神木　キュッ！　ああー、めちゃくちゃごはんがはみ出てきた!!
松﨑　ごはんもご馳走やきね。昔はね、お米食べるのは山の人なんか夢だったらしいよ。

神木　へえ〜。
松﨑　よしよし。ほんならこれでこうやって、もう1回。そうそう。
神木　あ、またごはんが出てきちゃった。
松﨑　どうしても出てくる。それはあんたのせいじゃない。
神木　よかった。優しい。
松﨑　両端をこういうふうに。そうそう。あんまり多いごはんはのけてもええ。できた？
神木　はい。
松﨑　ほんなら、次はお魚。ほんとはサバやけどね、いまはサバのシーズンじゃないでしょ。タチウオしかないのよね。これはゆず酢。100パーセントゆず酢へ漬ける。ほんでね、ごはんをさっきのように。
神木　延ばす。均等に。
松﨑　端をきちっとやっちょってよ。きちっと固く。優しい手やき。そしてこういうふうにオオバを。そうそう。さっきは千切りにしたのを溝へ入れたけど、今度はそのまま。ほんでもうひとかたまりのごはんを上へ乗せます。
神木　もうひとつ?!　おお〜!!
松﨑　ごはんがご馳走です！
神木　先生、巻けるんですか、これ?!
松﨑　できる！　昔はごはんというものはご馳走だったから、おきゃくのときは、お寿司。と

なると、小麦でもない、芋でもない、白米をね。

神木　だからいっぱい。

松﨑　そう。ごはんの少ないお寿司は、「この家はケチだ」と言われるの。

神木　なるほど！

松﨑　ほんなら、魚は卵と違って、薄く切った生姜をさっとお湯に通して、甘酢に浸したのを魚の上に貼り付けてください。大阪のお寿司のバッテラだったら、昆布を甘く煮てるけど、高知は昆布じゃなくて生姜です。

神木　ほお〜。

松﨑　できた？　よっしゃ〜、おいしそう〜。ほんなら次は田舎寿司。これがリュウキュウ。こっちが表、こっちが裏。これを、また。もうちょっとごはん使おうか。

神木　はい。

松﨑　それができたら、また四角にしてください。

神木　はい。ああ〜、難しい！

松﨑　上を平らにしいよ。そうそう。両方きれいに入れてしまいよ、こうやって。なかなかええかっこうになった。そしたら今度は、にぎり。巻《ま》き簀《す》はいらなくなった。軽くにぎりましょう。

神木　はい。

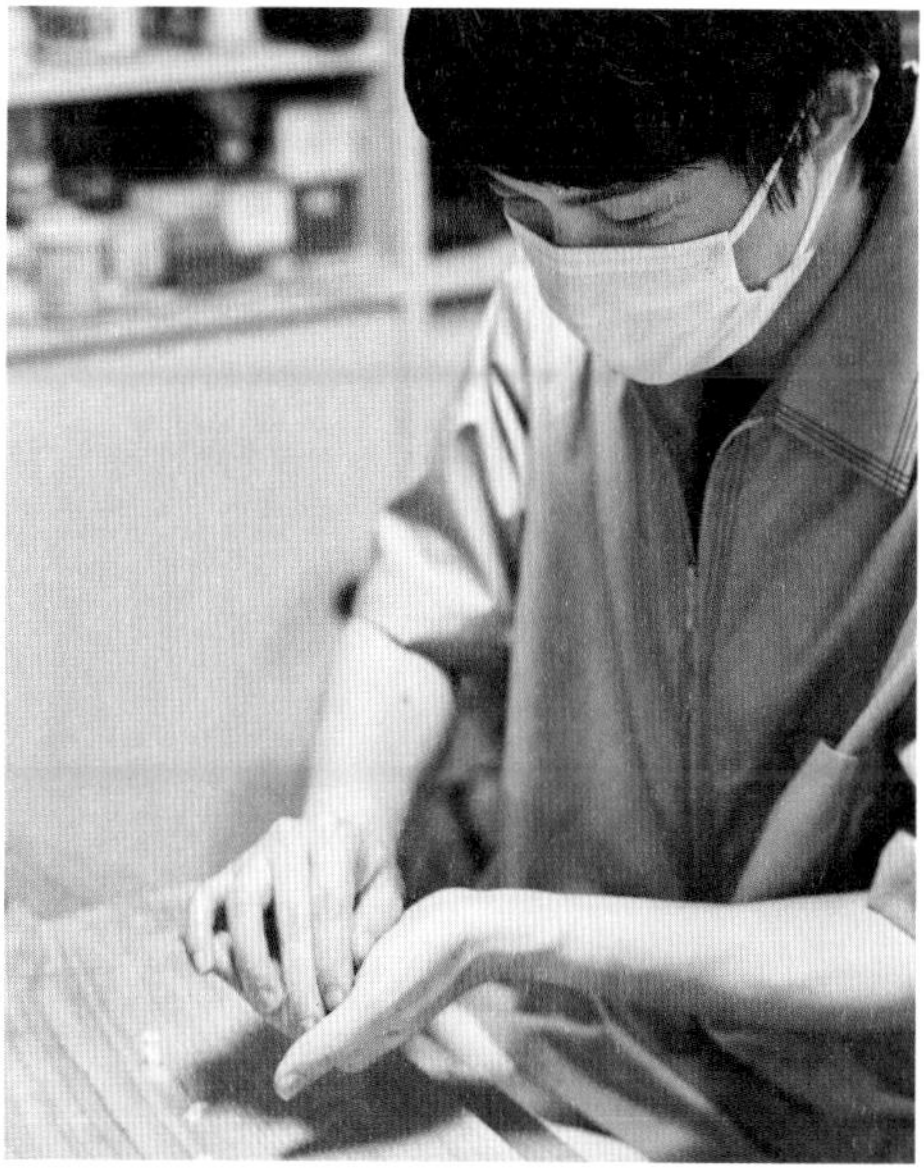

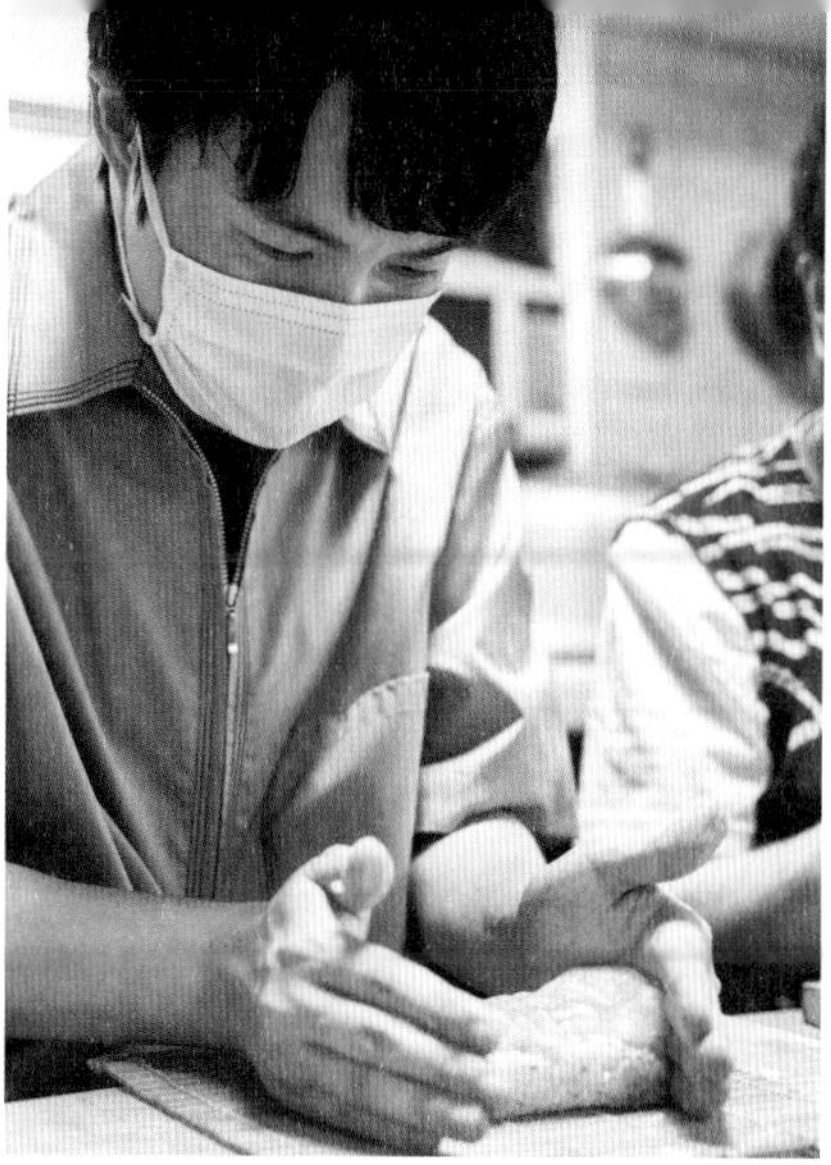

松﨑　じょうず、じょうず。じゃあ、盛り付けようか。
神木　馬路村で採ってきた青ゆずも飾っていいですか？
松﨑　ああ、いいな〜！　生姜もここへ。
神木　うわ〜、かっこいい！　おいしそう〜！
松﨑　じょうずにできた。
神木　ありがとうございます！

神木が作った土佐寿司

松崎先生に教わりながら神木が作った土佐寿司は、高知のハレの日に欠かせないご馳走。高知市で開催されている日曜市や、県内の道の駅などでも売られているので、見かけたらぜひ味わってみてください。

寿司飯

ゆず酢（ゆず果汁）に砂糖、塩、生姜のみじん切りを入れた合わせ酢と、炒りごまを加えて、ごはんと混ぜ合わせています。

リュウキュウ寿司

高知ではハスイモを「リュウキュウ」と呼びます。甘酢に漬けたリュウキュウを押し寿司にしました。

ミョウガ寿司

甘酢漬けにしたミョウガのにぎり寿司。ミョウガ独特の苦味は抜け、甘酸っぱく爽やかな風味の寿司です。

こんにゃく寿司

薄味で甘く味付けしたこんにゃくに寿司飯を詰めています。こんにゃくが破れないようやさしく詰めるのがコツ。

タチウオのかいさま寿司

ゆずの酢でしめたタチウオに、薄切り生姜を乗せて押し寿司にしました。魚の寿司にはサバやアマダイ、アユなどを使ったものがあります。

タケノコ寿司

だし汁で甘めに煮たタケノコの押し寿司。筒状のタケノコに寿司飯を詰めたものもあり、地域や家庭によって形が違います。

卵寿司

甘い厚めの玉子焼きにオオバをはさんで巻いています。中の具材は地域や家庭によって違います。

シイタケ寿司

甘く煮たシイタケを丸く握ったお寿司。旨味がたっぷりです。

男女平等の時代に

神木　先生、さっきいただいたお名刺に教授って書いてありましたよね。

松﨑　高知県立大学に43年間いたんだけど、わたしが女学校（現・中学校）3年のときに大東亜戦争やろ、そしたらわたしなんかその日から英語も教えてもらえないし、ほかの授業もちょっとしかなくて、奉仕ばっかり。畑作りに行ったり。それで、終戦になったとき数え年のハタチでしょ。そしたら日本は男女平等、女も大学に行けるようになる。そういうめぐりあわせなの。だから姉たちは全然上の学校へ行ってない女学校止まりなのに、わたしだけ。

神木　大学へ。

松﨑　専門学校だったけど、専門学校を出たら、母校がとたんに新制大学になって。そこの副手に採用されたから。

神木　へぇ～！

松﨑　男の人は4年制大学に行ってるやろ？　旧制高校を出て。女は旧制高校も行かせてくれないし、専門学校止まりだからね。そういう時代だったのよ。

神木　知らなかった。

松﨑　わたしはちょうどその時代の境目に居合わせたから。だから、わたしは幸せなのよ。姉たちは高等女学校で終わってるけど、わたしはちょうど女も大学という名前の学校へ行ける時代が目の前に来てた。男女平等、男女共学。そんな時代は昔なかったんよ。けど、世界中がそ

うだったから。

神木　海外も。

松﨑　日本だけじゃない。戦争をやめて日本には平和憲法ができた。その境目にわたしはちょうどハタチだったの。幸せ。ちょうどそこに、専門学校じゃない大学というのができて、そこの一番下っ端の副手になったの。

神木　何学部なんですか？

松﨑　家政学部しかなかった。ほんで、それまでは、家事の方法を教えるだけやったのを「学」にしなきゃいけない責任ができた。調理を調理学に。

神木　そういうことか！　いつもやってたことを、言葉にしたり、伝えたりしなきゃいけない。

松﨑　そう。それまで方法であれば良かったものが、なんでそうなのかという科学、サイエンスにしなきゃいけない責任ができたの。

神木　それを先生が。

松﨑　わたしがじゃなくて、わたしたち女性がね。そういう時代に居合わせたから。

神木　いまは大学で実習や講義はされてるんですか？

松﨑　わたしは大学で教えるのは65歳で終わったの。いま96歳やろ。だから30年間大学では教えてないの。いまは何をしているかといったら、自分の研究の続きと、男女平等が日本は地球で最低レベルだから、その団体を作って活動してるの。それから、自分だけが幸せじゃなくて、ちょっとお隣の人にも労力とお金と知恵を貸すことができるということに意義を感じて、女性

のライオンズクラブを作って、世界中の人と交流してる。出したお金はお金のない人に分配ができるでしょ。それを生きがいにしてる。

神木　すてきです。

松﨑　そしたら、全然疲れない。

神木　生きがいや、目標があると。

松﨑　うん、うん。だから、伝統食の続きもやっているし。

神木　すばらしいことですね。

松﨑　男女平等で内閣総理大臣賞っていうのをもらったから。

神木　すごい！

松﨑　でも、みなさんと一緒にやったことであって、わたしが代表でもらっただけ。

神木　みんなで一緒に取ったんですね。いま、男女平等の声も、より大きくなってきて。

松﨑　日本人はみんな好人物なのに、なぜかやっぱり男女平等が遅れちゅうね。

神木　みんなもう、性別関係なく、助け合っていけたらいいですよね。

松﨑　あんたが、そういう時代を作りよ。

神木　作りたい。このあいだも取材で、多様性について話してって言われて。正直、僕の親は男は働いて女は教育だっていう家庭だったんです。

松﨑　日本、世界中がそうやったもんね。

神木　僕は姉がいるんですけど、僕より姉のほうが力持ちなんです。だから、一緒にキャンプ

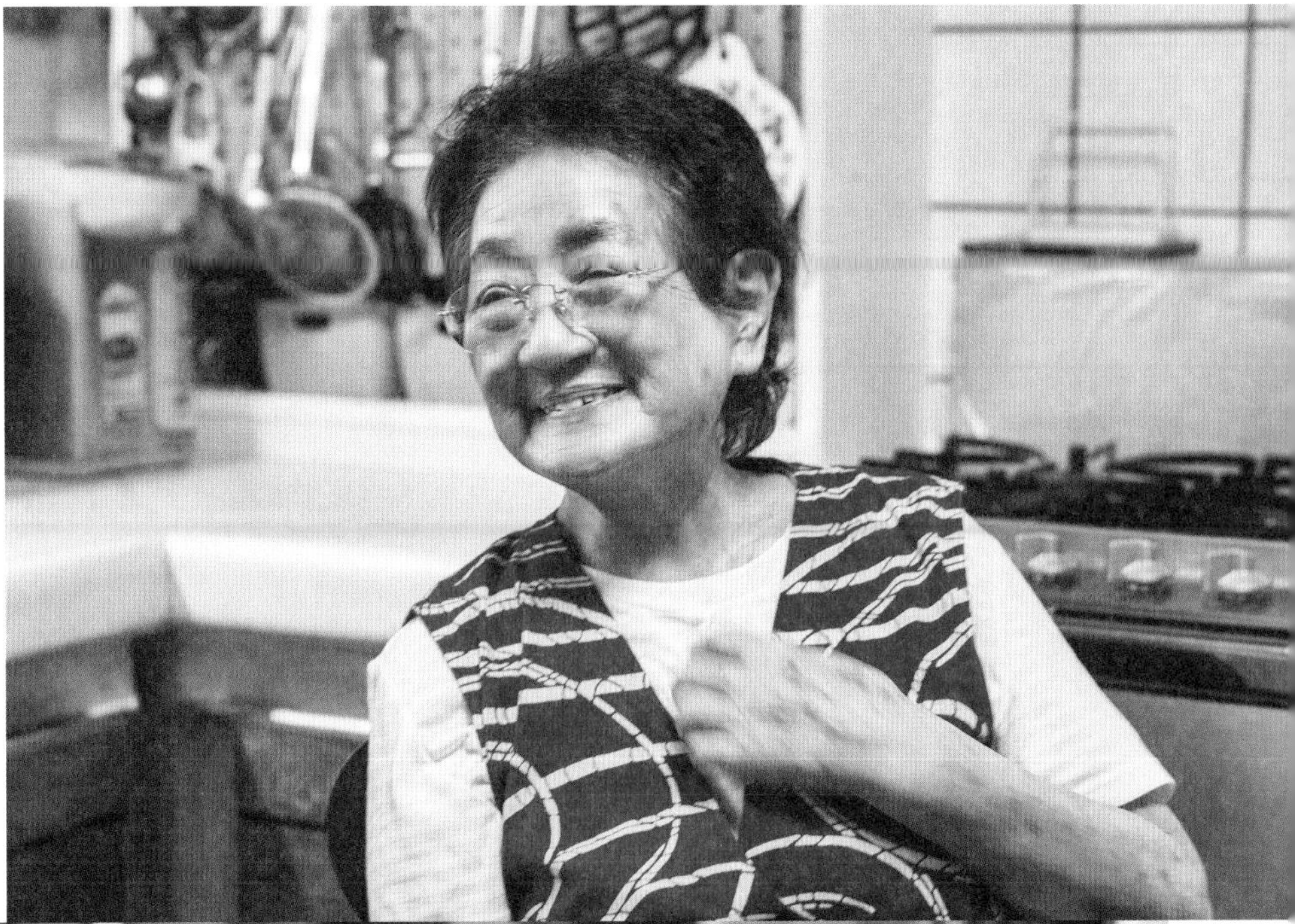

をしに行くんですけど、僕は重いものをあまり持てない、パワーが……そういうときに姉が。だから男女問わず、各自できないことは隣にいる、それができる人に手伝ってもらえばいいし、それで補い合えたら、助け合えたら別に、本来、性別とかあんまり関係ないなって。

松﨑　ないね。ちょっとひと口食べてみぃよ。はよはよ、食べ食べ。

神木　じゃあ、いただきます！　おいしっ!!　めちゃくちゃおいしい。

松﨑　そう？　こんな幸せな瞬間ないが！　最高〜、うれしい〜！　うれしい〜、幸せ〜！　長生きしてよかった〜！

これ知っちゅう？

高知の酢みかん編

神木が松﨑先生と作った土佐寿司。その酢飯に「酢」として使われていたのはなんと「ゆず果汁」でした。高知では、果汁の酸味と果皮の香りを楽しむ香酸柑橘を「酢みかん」と呼び、さまざまな柑橘を旬の食材に合わせて使い分けます。

青ゆず

旬 7月〜9月

県内の主な産地 高知県東部

強い酸味と香りが特徴。果汁が少なく、主に皮を使います。刻んで吸い物に、おろして冷奴や旬のカンパチのカルパッチョに。ゆず胡椒やジャムにも使います。

はなゆ

旬 6月〜9月

県内の主な産地 高知県中部

まろやかで奥深い香りと風味があり、素材の持ち味を引き立てます。果汁はシラスや塩焼きした旬のアユにかけたり、二杯酢を作りアユの背越しにかけて食べるのが代表的。

直七

旬 9月〜10月

県内の主な産地 高知県西部

正式名称は「田熊スダチ」。まろやかな酸味と爽やかな味わいで、果汁が豊富。生産量が少なく「幻の柑橘」とも呼ばれ、旬の戻りガツオに搾りかけて食べます。

ぶしゅかん

旬 7月〜9月

県内の主な産地 高知県中部・西部

キレの良いすっきりした酸味と上品な香り。この時季だけ獲れるメジカの新子（幼魚）の刺身に、果汁とおろした皮をかけて、醤油と合わせて食べるのが風物詩です。

高知の
柑橘の豊かさに
びっくり！

黄ゆず

旬 10月～12月

県内の主な産地 高知県東部

主に果汁を使います。酸味のなかに独特の苦味があり、香り高いのが特徴。砂糖や塩、醤油、味噌などとの相性が良く、魚や肉、野菜など幅広い素材に合います。

けらじ

旬 10月～12月

県内の主な産地 高知県東部

鹿児島県喜界島発祥で、スパイシーな独特の香りと甘酸っぱさが特徴。酒類に搾るほか、マダイや鶏肉にも合います。橙色になるとみかんとして食べられます。

ベルガモット

旬 11月～12月

県内の主な産地 高知県中部・東部

高知では国内初のベルガモットの量産に挑戦。いまではジュースや紅茶、洋菓子、リキュールなどに使われ、酢みかんのひとつとして浸透しています。

だいだい

旬 10月～12月

県内の主な産地 高知県西部

酸味と香りが強く、ぽん酢やドレッシングに使われ、野菜に合います。坂本龍馬はサバの刺身にだいだいの果汁をかけたものが好物だったといいます。

八朔マーマレード
（海空土）

短く千切りにした八朔の皮がたっぷり入った、ほろ苦いマーマレード。地元の料理研究家の小島喜和さんが作っています。
〈主な販売先〉高知 蔦屋書店 など

ケーク・シトロン・ベルガモット
（はるのテラス）

土佐ベルガモットの果汁と果皮を練り込んで焼き、ホワイトチョコでコーティング。爽やかな酸味と香りの焼き菓子です。
〈主な販売先〉
とさのさと AGRI COLLETTO など

これ知っちゅう？

柑橘の
おいしさが
詰まっています！

柑橘の加工品編

酢みかん以外にも、文旦や小夏、ぽんかんなど甘くておいしい柑橘類が栽培されています。おやつや調味料、化粧品など、柑橘を幅広く楽しむ高知の文化を体験してみてください。

小夏羊羹 てぼ餡・小豆餡
（のしや本家）

砂糖漬けにした小夏の皮を混ぜ込んだ、爽やかな香りの羊羹。さらりとした舌触りと上品な甘さ、すっきりした後味です。
〈主な販売先〉
土佐せれくとしょっぷ てんこす など

土佐文旦マーマレード
（あおぞら蒼空舎）

文旦の甘味と苦味、酸味がほどよいシンプルなマーマレード。素材をいかした、ごまかしのない味です。
〈主な販売先〉
the groceries shop Loka、
とさのさと AGRI COLLETTO など

直七スパークリング
（G&F）

高知県西部の宿毛市で栽培されている幻の柑橘・直七をふんだんに使った炭酸飲料。まろやかな酸味と爽やかな味わい。
〈主な販売先〉
the groceries shop Loka、
とさのさとAGRI COLLETTO
など

THE SYRUP BUNTAN（文旦）・KONATSU（小夏）
（SoulSoils）

果汁とてんさい糖だけでシンプルに作ったシロップ。炭酸やワインなどのお酒で割るほか、調味料としても使えます。
〈主な販売先〉
the groceries shop Loka など

3種の柑橘ノンオイルドレッシング
（ケンシヨー食品）

山北みかん、土佐柑子、ゆずに和風だしの旨味が利いたノンオイルドレッシング。野菜料理だけでなく肉料理にも合います。
〈主な販売先〉
とさのさとAGRI COLLETTO、
アグリファーム高知（高知龍馬空港内）など

ぽんかんジュース
（フクチャンFARM）

高知県最東端の東洋町で、太陽と潮風をたっぷり浴びて育ったぽんかんを使用。爽やかな酸味と濃い甘味が特徴です。
〈主な販売先〉
the groceries shop Loka、
ICHIBA（高知龍馬空港内）
など

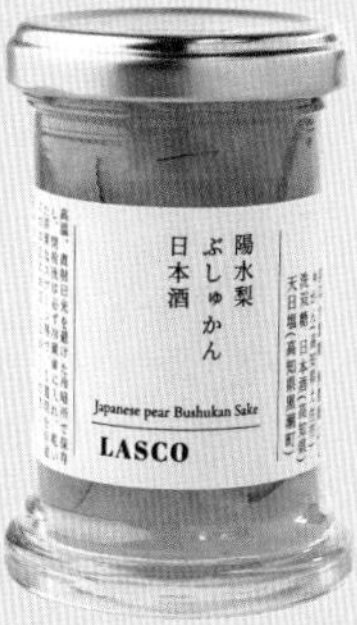

陽水梨 ぶしゅかん 日本酒
（LASCO）

高知県針木産の和梨「陽水」と、ぶしゅかんを合わせたコンフィチュール。隠し味の日本酒が爽やかさをプラスします。
〈主な販売先〉
the groceries shop Loka など

ポメロウォーター
（フルフリ）

安芸市の文旦の花を手摘みして、じっくり蒸留した香り高い化粧水です。1本に80輪の花が使われています。
〈主な販売先〉
とさのさとAGRI COLLETTO、
土佐せれくとしょっぷ てんこす など

カツオの藁焼き体験

冷凍技術や流通の仕組みがどんどん発達していくなか、いまでもなお、新鮮なカツオをいち早く生で食べきる文化が根づく中土佐町久礼《くれ》。連日観光客で賑わう久礼大正町市場にある田中鮮魚店、代表の田中隆博さん指導のもと、神木がカツオの藁焼きを初体験。自ら焼いたカツオのたたきをいただきながら、お話を伺います。

田中「この辺りは漁師町なんでカツオの食べ方は8割以上がお刺身です。だから、たたきもあんまり焼きすぎると、生のカツオの味がわからなくなるって嫌がる。これが山のほう、檮原とか土佐山田とかに行くと、うちの3倍ぐらい焼いています」

神木「そうなんですね」
田中「お刺身感を残したいので、強火で1分間まわりだけ焦がして食べるような感じ」

神木「藁焼きは、なんで藁になったんですか?」
田中「香りがやわらかいのと、火力が強いっていうのが現代で言えることやけど。たぶん400年前はカツオと藁しかなかったから」
神木「ああ〜」
田中「獲れたカツオを漁師さんたちが農家に持っていって、お米と物々交換して、ついでに藁ももらってきて浜で焼く。そこに貨幣経済はないけど、すごいよね。お金はなくても豊かに暮らす方法。貧しいなかで自分の楽しみを見つけるのが上手だったんだね」

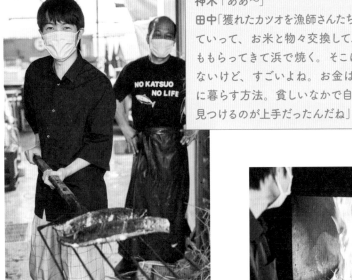

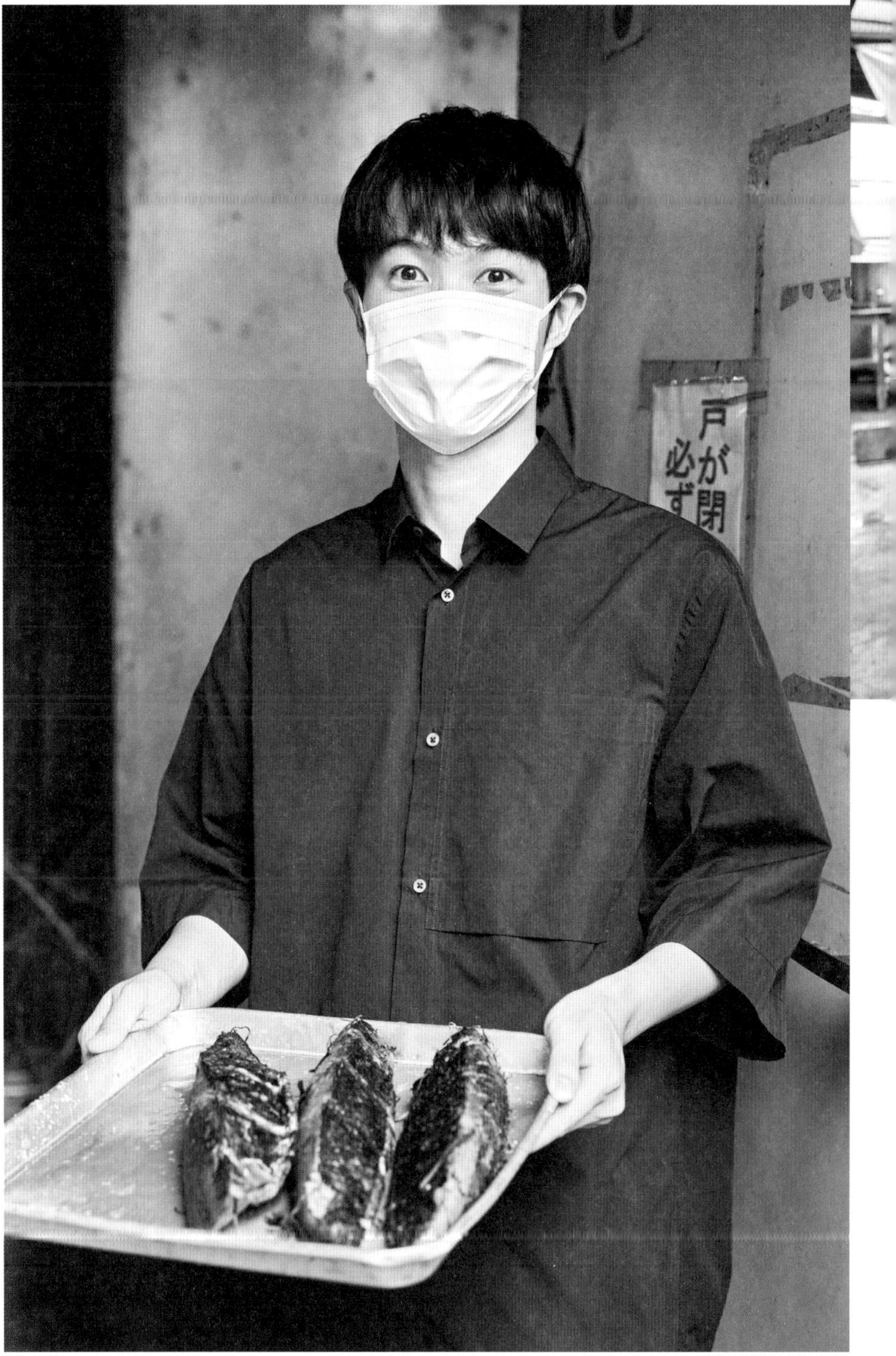
戸が閉
必ず

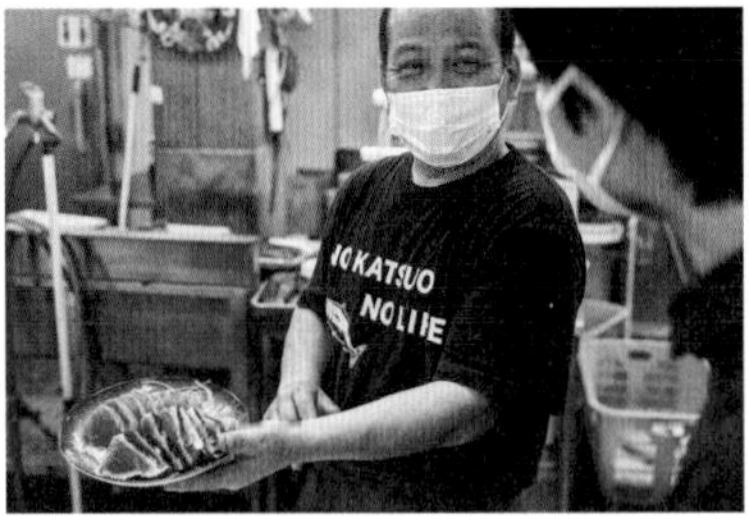

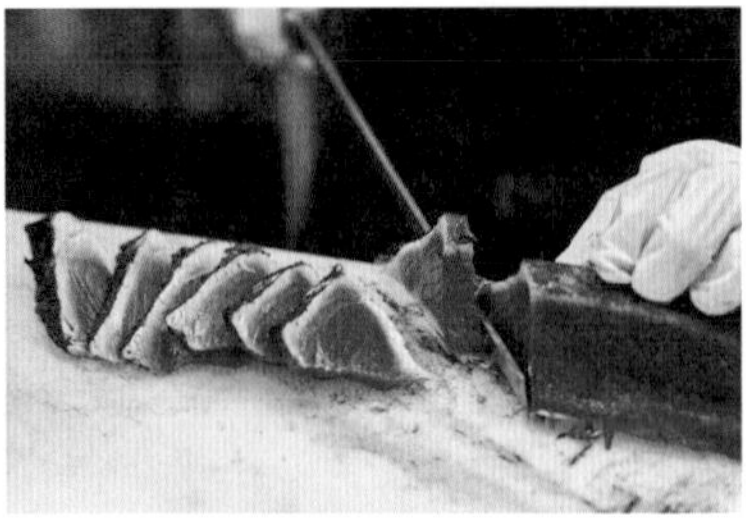

神木「きれい！ すごいですね。
うわ〜、めちゃくちゃおいしそう〜！
光り輝いている！」

神木「めちゃくちゃおいしい！ 醤油いらないですね。十二分に味がある」
田中「すっぴんでそれだけおいしいって感じられるのは、10本切って1～2本です。それを選ぶ技術がないと、カツオはまずいって言われる。その技術を持ってる人は全国でも本当に少なくなってる」

程よい量が循環する町

話し手
田中鮮魚店
田中隆博《たなかたかひろ》さん

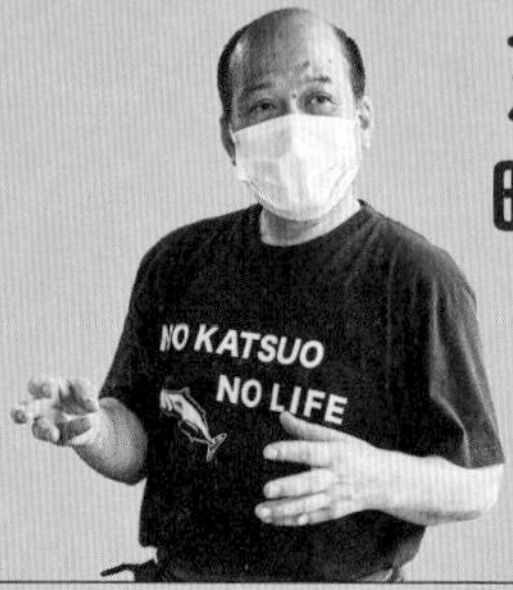

田中　ここ（中土佐町・久礼）は4000人ぐらいの小さな町なんですけど、鰹乃國《かつおのくに》って自分たちで自慢していて。その理由は、江戸時代初め、いまから400年ぐらい前、ジョン万次郎の時代の土佐清水と、ここ、中土佐の久礼と、土佐市の宇佐《うさ》町という海に面した3町が、カツオ漁を最初に始めた場所だから。だけど、獲ってきたカツオを生でお刺身にして食べきるっていう文化はどんどん廃れてきていて、土佐清水は宗田節、宇佐町はカツオ節が残って、生で食べる文化が残っているのがここ久礼なんです。

神木　そうなんですね。

田中　有名な宮城県の気仙沼は1日に最大200トンぐらい処理できるんですけど、ここ久礼の港は1日5トンぐらい。じゃないと、けっきょく生で回らない。この周辺は、久礼のカツオ文化圏みたいなのがあって、夕方までに釣ったカツオを翌朝6時半ぐらいからせりにかけて、それを行商の方がどんどん運んでいって檮原町の下ぐらいまで届ける。冷凍するとカツオは味も変わりやすいので、ここら辺の人はどうしても生で食べたい。だから獲り過ぎてもしかたない。

神木　なるほど。

田中　400年前からずっとカツオばかり食べてるので、どうやっておいしく食べるかっていうのがものすごく発達したんですよね。それも各自が食卓で研究するから、バラバラなんです。焼き方も、焼きが多めがいいという家もあれば、薄めで強火がいいとか。けっきょく、売るため、ビジネスのためのカツオじゃなくて、自分たちが食べて喜ぶためのカツオだから、各個人が400年かけて、

各家庭のマイカツオを育んできた。特にここら辺はカツオ船で毎日いやでもカツオを食べてた70～80歳の漁師のOBたちが、習慣でカツオを食べるんで。しかも新しいピカピカのカツオを船の上で食べてたおじちゃんたちなんで、たぶん日本一カツオで舌が肥えてる。

神木　さすが！

田中　ちょっと古いカツオだとみんな食べてくれないから、安いからって僕たちが3～4日分買っても、2日目ぐらいまでしか売れない。だから、魚屋さんも買いすぎない。漁師さんが釣りすぎても魚屋さんが買ってくれないから、釣りすぎてこない。だいたいの量が暗黙の了解で決まってて、だいたい2日間で食べきるぐらい、できたら1日で食べきるぐらいのカツオの量で、新しいのをみんな食べて、回ってるみたいな。

神木　まさに循環型ですね。

田中　そう。ここのおいちゃんたちは、変な話、貨幣経済というか、東京のような都会の生活からはかなり立ち遅れてるけど、めちゃくちゃ幸せそうに暮らしてる。自分のやりたいこと、おいしいもの、お酒と魚があればそれでいい。魚はがんばって海へ出れば自分の力で獲ってこれるし。1週間ぐらい漁に出られなくても明日があるわ、みたいな。自然に任せてるから強い。サラリーマンだったら3～4日釣れなくて収入ゼロだったらびびるけ

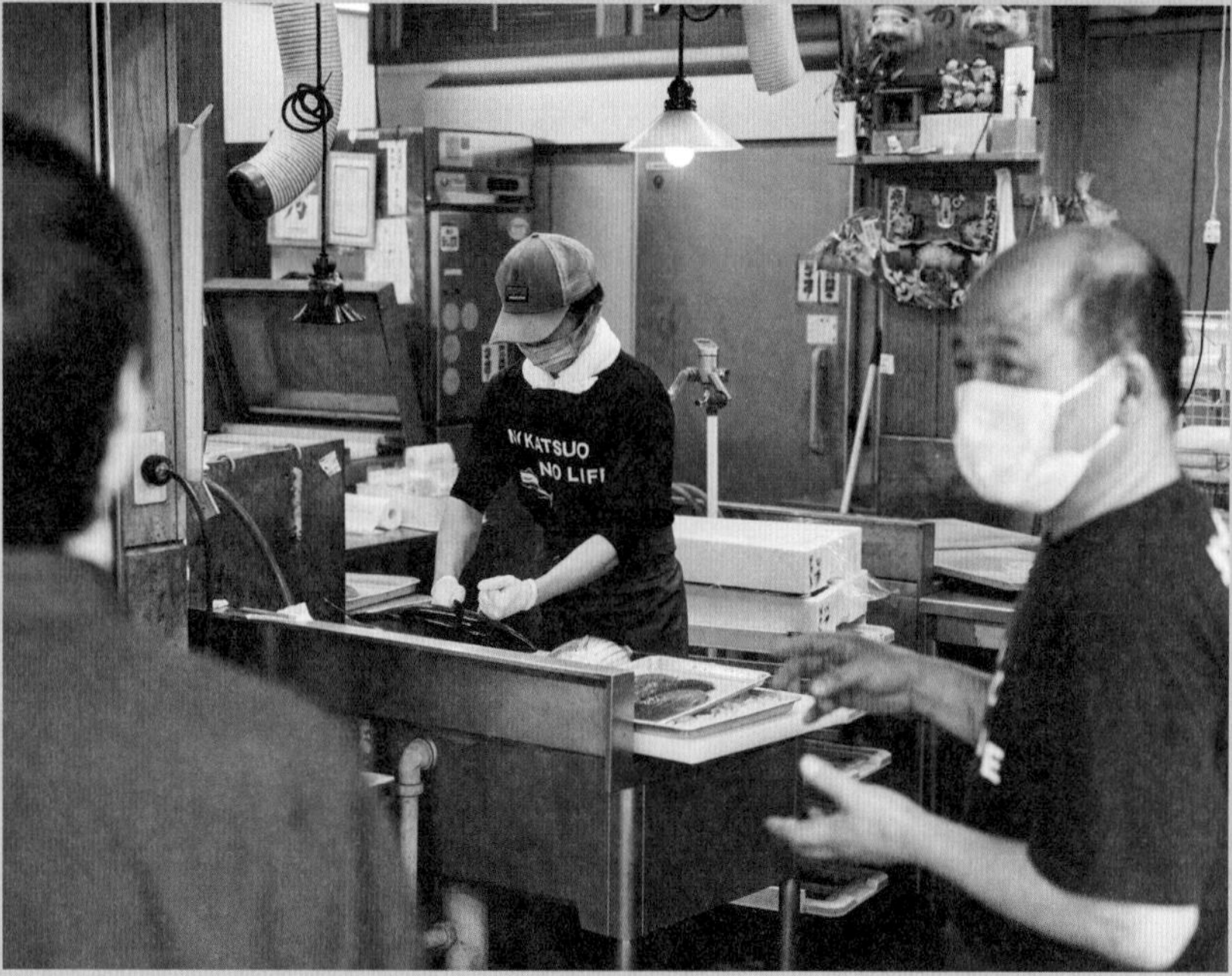

ど、まったくびびらないですもん。18時になったら晩酌してガーガー寝てる。ここのおいちゃんたちはめちゃくちゃ強いですよ。サラリーマンやめて帰ってきて一番びっくりしたのはそれやもん。

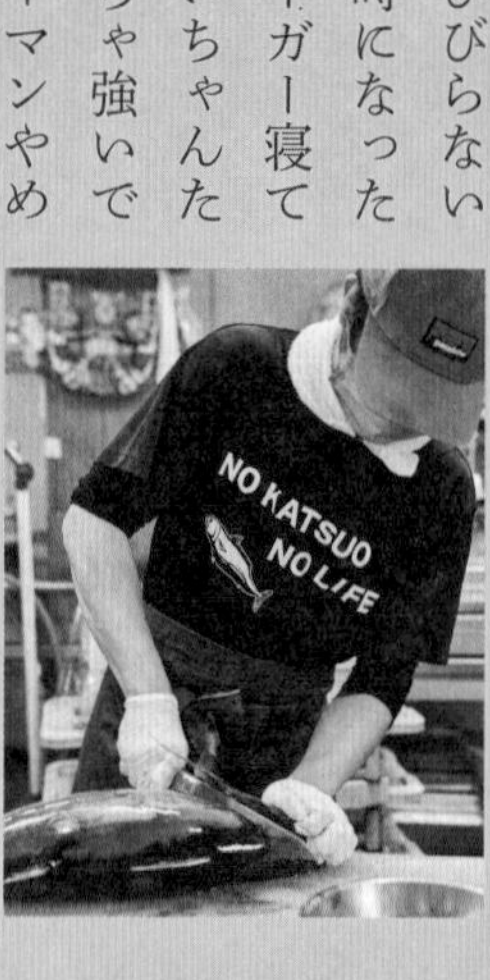

神木　会社員をされていたんですね。

田中　慶應義塾大学に行って、そのあとサラリーマンを中国で6年間やったあと、サラリーマンは大変だなと。漁師や魚屋のほうが大変かなと思ってたけど、サラリーマンも楽じゃないなと思って魚屋に。結果こっちのほうが合ってた。ここは都会とは文化が真逆になっていて面白いです。カツオも一本釣りなんで、巻き網でザーッて獲っていくのではなく、一本ずつ獲る。網とかもっと効率いいのを持っていくのではなく、「親父の代からこれやから」ってなんの疑問もなく。いまはサスティナブル漁業として注目してもらってるけど、一本釣りがどうして良いかとかそんなのも関係なく、一本釣りで釣りたいから釣る。僕が帰ってきたのが平成の頭で、その時代にこんなおっちゃんたちが日本におるんやって、びっくりした。だけど、高知県民の特に年齢が上の人は、自然のものでどうやってうまく暮らすかっていうことの想像力が豊か。それをいかに僕たちが残すか。せっかくこんなに残ってるんやから、このカツオも。

しょうが塩
（森田家）

じっくり低温乾燥させた生姜の香り豊かな粉末と、室戸海洋深層水塩を合わせた薬味塩。ピリッとした後味が素材を引き立てます。
〈主な販売先〉キヨスク高知銘品館（JR高知駅内）、the groceries shop Loka など

生姜のしょうゆ漬け
（ピクルス屋いく農園）

生姜の香りと辛味をいかし、カツオ節と昆布の旨味のある薬味系ピクルス。炊き立てのごはんや冷しゃぶなど和食によく合います。
〈主な販売先〉laatikko shop（セブン デイズ ホテル プラス内）、terzo tempo など

これ知っちゅう？

生姜の加工品編

薬味大国、高知。高温多湿な風土は香味野菜の栽培に適しており、なかでも生姜の生産量は日本一。生姜のおいしさを知り尽くした生産者の方々による製品をご紹介します。

黒生姜
（桐島畑）

農薬や化学肥料を一切使わずに育てた生姜を煮詰めて、粗糖をまぶしたお菓子。ヨーグルトに入れたり、おつまみにもなります。
〈主な販売先〉
土佐せれくとしょっぷ てんこす など

生姜のど飴・しょうが粉
（刈谷農園）

生姜農家が作る生姜粉と、生姜のど飴。のど飴には高麗人参や黒糖、ローズマリー、緑茶など厳選した素材を使用。生姜粉は料理や飲み物に入れると体が温まります。
〈主な販売先〉
the groceries shop Loka、
土佐せれくとしょっぷ てんこす など

トサチャイ
(ヒマラヤンオーガニック)

土佐山の有機生姜ときび糖、こだわりのヒマラヤスパイスが香る本格チャイ。牛乳や豆乳、お湯などで割ってお飲みください。
〈主な販売先〉
とさのさと AGRI COLLETTO など

発酵生姜シロップ
(SORANOSITA)

自然栽培の生姜を発酵させて作ったシロップは、辛味が利き、ほのかに酸味のある深い味わい。生姜焼きのタレなど料理にも使えます。
〈主な販売先〉
とさのさと AGRI COLLETTO など

りぐり山茶と生姜の葛湯
(国友農園)

「りぐる」は高知弁で「こだわる」という意味。急峻な山畑で栽培した茶葉と有機生姜、奈良県吉野産の本葛が入ったこだわりの葛湯です。
〈主な販売先〉
土佐せれくとしょっぷ てんこす、
とさのさと AGRI COLLETTO など

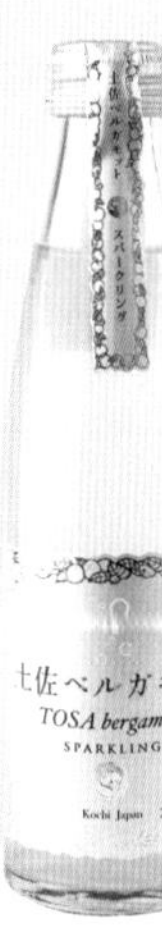

土佐ベルガモットスパークリング
(はるのテラス)

生姜に土佐ベルガモットを加えたノンアルコールスパークリング。きめ細かな泡と、優雅なベルガモットの香りが贅沢な1本。
〈主な販売先〉
キヨスク高知銘品館(JR高知駅内)、
とさのさと AGRI COLLETTO など

生姜せんべい
(庄壽庵)

生姜をふんだんに使った生姜蜜を1枚ずつはけで塗っています。生姜の辛味と甘さがほどよく、パリパリした食感です。
〈主な販売先〉
土佐せれくとしょっぷ てんこす
など

田中鮮魚店

高岡郡中土佐町久礼6382

0889-52-2729

店頭販売 9:00〜17:00
漁師小屋 10:00〜14:00

休 水曜日・1/1

5

サスティナブルな高知の暮らし

～移住してきた人たちの言葉～

環境に配慮した「ゼロウェイスト」や「プラスチックフリー」の実践的な取り組みや、循環型でサスティナブルな暮らしの提案をさまざまなメディアで発信し、注目を集める服部《はっとり》雄一郎《ゆういちろう》さん麻子《あさこ》さんご夫妻。神奈川県出身ながら、バークレー、チェンナイ、京都を経て、8年前に高知に移住されたというお二人に、高知の魅力について伺うべく、神木が服部家にお邪魔してきました。

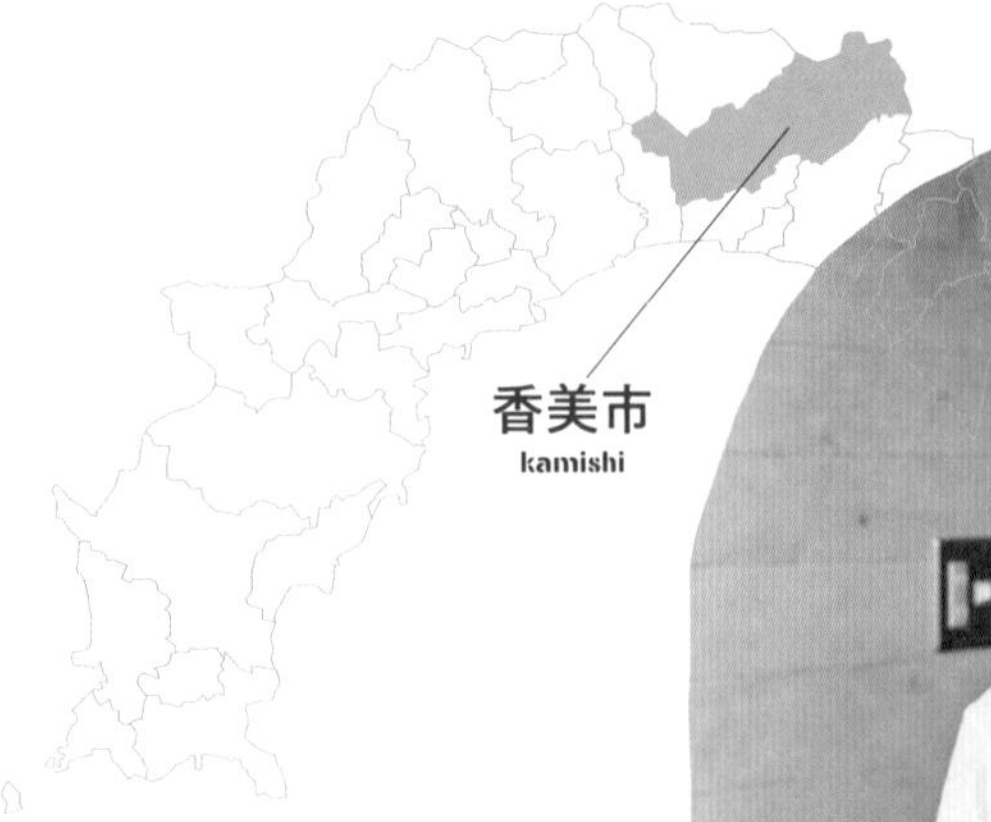

服部麻子

Asako Hattori

服部雄一郎

Yuichiro Hattori

翻訳者であり文筆家の雄一郎さんと、食をベースにさまざまなメディアで高知でのサスティナブルな暮らしを発信する妻の麻子さん。雄一郎さんの訳書として『ゼロ・ウェイスト・ホーム』『プラスチック・フリー生活』『土を育てる』などがあるほか、お二人の共著『サステイナブルに暮らしたい―地球とつながる自由な生き方』『サステイナブルに家を建てる』も出版されている。

高知に移住した理由

麻子　庭からさっき採ってきたハーブのお茶です。

神木　ありがとうございます。

麻子　レモングラスとレモンバーベナとレモンバーム、あとミントが2種類。

雄一郎　これ全部、苗も買っていなくって、友人の庭から分けてもらったのが繁殖して。

麻子　ミントとか水に差しておくと根が出て、それを土に植えると永遠に増えるんです。

神木　え〜、すごい！

雄一郎　近所の方からいただいたものが増えて。

神木　すごくいい香り。おいしいです。お二人はもともと東京にいらしたんですか？

雄一郎　東京に勤務をしながら横浜に住んでいました。

麻子　神奈川県の生まれ育ちで。

神木　そもそも、なんで高知に？

雄一郎　30代後半のときに、自然に近い場所に住みたいなと思って。僕はごみの仕事をしていたんですけど、ふつうどこかの組織で働こうと思うと、都会にオフィスがあって、必然的に家

賃も高い場所に住んで、そこから通勤して、日々忙しいというふうになってしまう。それもしょうがないなと思っていたんですけど、ちょうどその頃、家族でインドに滞在していて、環境に負荷をかけないクリエイティブな暮らしをしているエコビレッジに旅する機会があったんです。自然のなかでいろんな工夫をしながら暮らしている人たちが、思っていた以上に楽しそうで。自分たちもこういう暮らしをしたいなって思って、場所を探して。

麻子　たまたま大学時代の同級生が高知市の土佐山というところで、「土佐山アカデミー」という学びの場の立ち上げをしていて、彼女を訪ねたのが初めての高知でした。日曜市にもすごく憧れていて。そういう流れで高知を意識するように。

雄一郎　旅行で来たのが初夏で、光も燦々《さんさん》と輝いてて、インドの生き生きとした自然を思い出して、すごくいいなって。人もすごい明るいし、ウェルカムな感じだし、囚《とら》われないおおらかな感じが。でも漠然と近畿あたりがいいかなと思っていたので、近畿地方で高知みたいに明るくてすてきな場所を探そうねって誓い合って。でもやっぱり高知は高知にしかなくて（笑）。それで高知に。

神木　高知に移住されて何年になるんですか？

麻子　今年（２０２２年）で8年ですね。

神木　高知ではどんな暮らしをされてるんですか？

雄一郎　なんの見通しもなくこっちに引っ越してきたんですけど、どこかに勤めるんじゃなくて、いくつかの小商いを組み合わせながら、なんとか暮らせるんじゃないかなと、なぜか根拠

VOTE

のない自信があって。二人とも飲食関係、料理とかお菓子を作るのが好きだったので、まずはそれをやろう、と。けど、カフェも週5日営業でちゃんとお客さんがたくさん入って、月に30万稼いで生活を成り立たせようとすると、すごいプレッシャーになるから、そういうやり方はしないで、週1回カフェをやって、月に何日間か都会向けに高知の産物とかお菓子のセットを発送してみようかな、とか。あと、つながりがあったNGOのお手伝いをして数万円稼いでとか。そういう小さなことを組み合わせたら、たぶんいけるって思い込んでいた。けど、いま考えるとけっこう綱渡りで、楽観的に思えることばかりではなかったけど。

麻子　まず高知は家賃が安いですね。この辺の地域だったら、まあ住めるかな、ぐらいのお家で月2〜3万円ぐらいとか。車は必須ですけど、わが家は1台でやりくりしてます。

雄一郎　高知の生活を楽しみつつ、自分たちができることを、とにかく頭をなるべく柔らかくしつつやっているうちに、ふとしたご縁で翻訳の仕事を。なので、この2〜3年はちょこちょこ出版の仕事が増えてきて。ほんと流動的に暮らしていますけど、なんとかやってこれた8年間です。

おすそわけ文化

神木　すごいです。さっきもおっしゃられた通勤のこととか、正直、最近は出社しなくてもリモートでできるって証明されましたよね。ほんと都会のストレスの大部分って通勤だと思うんです。移動時間が多いとつらいから、職場の近くに無理してでも家を借りるか、ちょっと遠いけどがんばるかの選択肢しかなくて。だから、ほんといいですね。もちろん大変なこともいっぱいおありだと思うんですけど、自分の時間を使うこともできて、土地を実感することもできて、お仕事もあって、すごいうらやましいです。

雄一郎　全然、確立しているわけじゃないんですけど、なんとかそういう方向に進むことができていますね。

麻子　わたしがかつて首都圏で働いていたときは、仕事は仕事。休みの日にプライベート。やることが全然違う。まず仕事の量が多くて、それを中心にまわっていたんですけど、結果的にいま、仕事も暮らしも全部混ざってる感じになったのは、すごくおもしろいです。

雄一郎　僕たちはふつうにオフィスで働いていた人間なんですけど、飲食の仕事なら自分たちも楽しめそうだし、お客さんにも喜んでもらえるという自信があって。高知は産物がすごく豊かなので、そういうものを二人とも触りたくて仕方がなかった。お茶摘みして、紅茶にしたり、果物を採ってコンポートにしたり、高知の風土ではエンドレスにできるんですよね。関東だったら全くそんなチャンスはなかった。そういうことを生かして、お菓子のセットを送ると東京

の方はすごく喜んでくださる。たとえば規格外の果物にも、一つひとつ手を加えて。すごい非効率的だけど楽しくって、それがお客さんに喜んでいただけることにつながっていて。非効率な暮らしの延長が、なんとなく仕事の付加価値につながっていくような、そういう不思議なおもしろさがありましたね。

神木　すごいすてき。うらやましいです。

麻子　けど、一寸先は闇（笑）。

神木　いやいや、だって8年も。

麻子　どうやって暮らしてきたかよくわからないです（笑）。でも思うのは、高知はおすそわけ文化がすごい豊かで、果物とかは、どうしても欲しかったら買うこともあるんですけど、いろいろなところから譲っていただけるんですよね。ときには何十キロも！

雄一郎　傷ものとか、落ちてしまったものとか。

麻子　あと庭にいっぱいあって、「自分の分はもう採ったから、あとはどうぞ」みたいな。柿採っていいよって言われたときも、「ご家族も召し上がりますよね？　どのくらいいいですか？」って聞くと、「柿なんて食べん」みたいな（笑）。昔食べすぎたのか、ありふれているのか。そういう話がいっぱいあるのが、南国の豊かな産物。ただ、声をかけていただいたときは、すぐ行かないといけないんです。今週行けないですって言ってるうちに全部落ちちゃったりとか、他の人に声がかかったりとか。

神木　自然のものだから。

収三

麻子　そうそう。こちらにも余裕がないといけないんだなって。すぐ動けるくらいの余裕とか、あるいはフレキシブルな感じ。だから計画ができない。

神木　そうか、ある意味そうですよね。

麻子　無計画（笑）。

雄一郎　自然相手って言うとおこがましいけどね、譲っていただくもののタイミングの話なので。だけど農家さんは雨が降ったら農作業ができないとか、そういうのがみなさん板についているのか、タイミングを融通する雰囲気は一般的に感じます。うちがお付き合いさせていただいてるご近所の方々などは特に。

高知人はエンターテイナー?!

神木　今回、お話を伺ってきたみなさん、口を揃《そろ》えて、魚も山で採れるものも豊富にあるから、高知は全部ここで成立するっておっしゃられてました。

雄一郎　楽しむ気があったら一生どれだけでも楽しめるっていう、エンドレスなところを感じますね。

神木　魚も冷凍を運んでくるんじゃなくて、獲れたてのものがある。僕は東京に住んでいるので、それこそ「おすそわけ」ってないんですよね。互いに干渉しなくて、誰が住んでいるかもわからない。でも、高知のみなさんはそれぞれ関わりが深い。

雄一郎　見知らぬ者同士でも譲り合いがされているおおらかさが高知のすごいところで。けど、これは本当に豊かだからなんだろうなって。高知は平均所得とかはとっても低いらしい。だけど生産地が近くて、食べ物が豊かだから、みなさん囲い込みしない。余剰は実際あるし、その余剰をなんとも思わずに人にまわすみたいな。山でたまたま居合わせた、川でアユを釣ってたおじさんが「持っていきや！」とか。「だって、せっかく釣ったんじゃないんですか？」って。高知の人、本当に最高だなと思います。

神木　僕も日本各地へ行かせてもらって、もちろんみなさん優しいんですけど、高知の雰囲気って、本当に高知にしかないかもしれないと思いました。

雄一郎　豪快で気前が良くて。

神木　本当に。優しいとか、気前がいいっていう言葉じゃ表せない……独特なんですよね。なんて言うんでしょうね。豪快……だけじゃない、優しさだけでもなく、気前がいいだけでもなく。なんて言うんでしょう。

麻子　わたしが思うのは、人との境界線が良い意味で薄いんだなって。溶けちゃってる。たとえば、親しい人には優しくしてあげるとか、物をあげるとか、ありますよね。その人のことが好きだから、とか。だけど、そういうのあんまり関係なく、会ったばっかりで、この人がどんな人かもわからないのに「餃子《ギョウザ》いらん？」みたいな（笑）。だから、個がそんなに強くないのかな。みんな好きなことやって言いたいこと言うんですけど、すごく溶けてる。ハートも開きっぱなしだし、気持ちも開きっぱなしで。シェアって喜びだと思うんですけど、それって割に最近言われ始めたことですよね。でもそれを理屈じゃなくて、「シェア？　何それ？」みたいなおじいさんでも、体感、実感されているんだろうなって。もらってうれしいな、あげてうれしいな、知らない人にあげても喜んでくれたな、知らない人にあげてもうれしいなっていうことが、ずっと培われているのかな。だから特に何も考えず、お返しとかも求めていなくて、ほんと通りすがりだったりするので。

神木　きっとエンターテイナーなんですね。

雄一郎　あ、そういうところあるかもね。

神木　人の喜びは自分の喜びであり、やったら喜んでくれるから自分もうれしいし、平和。根本的にそうなんだろうなって、すごく思います。エンターテイナー。

麻子　雄弁ですしね。言葉がどんどん出てくる。誰にでも話しかけるし。隣にいる人にもすぐ話しかける。

神木　「友達ですか？」「いや、いま会いました」って（笑）。

麻子　そんな感じですね。コミュニケーション自体を

ふつうに楽しんでいる。インドもそんな感じでした。

雄一郎　日本にないインドの良さが高知にはあるなって。高知は日本的っていうよりは太平洋的だなって思います。

ごみが減るという体験

神木　さっき、ごみのお仕事をされていたっておっしゃってましたけど、そこがサスティナブルなことを考えるきっかけになったんですか？

雄一郎　そのとおりです。ごみの仕事は選んだわけではなくて、たまたまだったんですけど。赤ちゃんが生まれて、もう少しゆとりのある仕事をしたいと思って、自転車通勤ができる地元の町役場に転職したら、予想に反してごみの課になってしまって、ショック、みたいな。環境問題になんの関心もない29歳だったんです。ごみの課になっても、汚くて嫌だなぐらいに思っていたんですけど、何がきっかけになったかというと、自宅のごみが減っておもしろかったんですよ。ごみの担当職員だから、ちゃんと分別ルールがわかっていないと問い合わせにも答えられないし、自分の家で変な分別をしていて、近所の人に白い目で見られたら大変。そんなノリで最初は、住民がふつうに読んで守っているはずのごみの分別パンフレットを一生懸命受験生みたいに覚えて。あとは、コンポスト、生ごみを堆肥にする装置を各家庭に導入してもらうための補助金の担当者になって。コンポストについても問い合わせがきて答えられなくて困って。

まずは自分が補助金を使ってやってみようと思って、やってみて。そしたらごみがほとんど出なくなって。すごくびっくりしておもしろかったんですよね。

神木　へえ〜!!

雄一郎　いままでのごみはなんだったんだろう？　って思ったし、実際にすごく多くの税金を使ってごみ処理をしていることがわかって。こんなに簡単に減るのに知らなかったと思って。減ったらすごく気分が良くて。ごみ出しをほとんどしなくていいし、分別の迷いも減るし、生ごみは全部コンポストに入れているので、ごみ箱がにおわない。ごみ箱がなかなかいっぱいにならないのに夏場もまったくにおわなくて。間違って何か捨てちゃっても、ごみ箱に手を入れるのがまったく怖くないんですよ。

神木　汚れるものが入ってないから。

雄一郎　カサカサしてるんですよね。「これいい！」と思って。なんでこんなことをみんな知らずに、自分も知らずにごみを出し続けて税金をいっぱい使って焼却とか埋め立てとかしてるんだろうって思ったのが最初のきっかけです。

神木　たしかに。

雄一郎　いくら新聞記事とかで環境問題のことを読んでも興味が湧かなかったんだけど、ごみが減ったら「自分にもできることがあるんだね」って。しかもいいことあるなと思って。

神木　体験しないとわからないですよね。おっしゃるとおり、ニュースでも環境問題についていろいろ言われているけど、「まず何をしたらいいの？」ってなりますよね。その一番の理由は、

庭に設置された自作コンポスト。「ラザニア・コンポスト」といって、生ごみや雑草、古紙などを薄い層にして積み重ね、一定量が溜まると発酵、堆肥ができる仕組み。

雄一郎さん、麻子さんの共著。暮らしのなかで考え、実践している「サスティナブル」について綴られています。

実感がないからなんだなって思います。自分がアクションして、少しでも何かの成果になったり、結果として見えたりすると、もっと何かやろうと思うけど、そういうのがまったくわからないから、「果たして自分がやっていることって意味あるのかな?」って。そうすると環境問題がどんどん遠くなっていくんだろうって思います。それが服部さんは、ごみが減って、においもなくなって、そういう実感があったからこそなんですね。

雄一郎　そうなんですよ。環境問題との接点は人それぞれだと思いますけど、自分の場合はごみから入れたのは直接的でよかったなって。生活で毎日出るので。簡単で、目に見えて成果が出て、しかも気分が良かったっていう3拍子は、強かった。

神木　そもそもごみの担当になられて、仕方なく勉強されたことがきっかけだと思うと、知ることって大事ですよね。

雄一郎　大事です。

麻子　すごく大事ですね。

神木　この本もそんなきっかけになるといいなと思います。

ブルーベリージャム
（Zion Valley Farm）


香美市の山間地域にある棚田で栽培した、無農薬のブルーベリーと粗糖のみで作ったジャム。ブルーベリーの粒がたっぷり入っています。

〈主な販売先〉

the groceries shop Loka など

赤紫蘇シロップ
（タナカフェ）

太陽と雨の恵みを受けて力強く育った赤紫蘇にレモン果汁、てんさい糖を加えて煮詰めたシロップ。さっぱりした酸味と甘味です。
〈主な販売先〉 the groceries shop Loka など

最高蜂はちみつ
（最高蜂）


高知の最高峰「三嶺《みうね》」で、みつばちがミズキやトチノキ、ブナなどから集めてきたはちみつ。清涼感がありフルーティー。

〈主な販売先〉

the groceries shop Loka など

これ知っちゅう?

エシカル食品編

おいしくて
環境にやさしい
って最高！

地球も人の暮らしもサスティナブルであるには、環境や社会への影響に配慮したエシカルな消費が必要です。地域の素材を生かし、シンプルな製法で、おいしさにもこだわった食品を紹介します。

へんぷうどん
（しん手打ちうどん 朋輩）


有機認証を取得した持続可能な植物「麻（ヘンプ）の実」を練り込んだこだわりのうどん。パスタの代わりとしても使えます。

〈主な販売先〉

the groceries shop Loka など

土佐鹿のパテ ド カンパーニュ
（松原ミート）


保存料や着色料を使わずに作ったパテ ド カンパーニュ。味や香りにクセはなく、鹿肉のしっかりしたおいしさと食感を味わえます。

〈主な販売先〉

the groceries shop Loka など

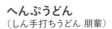

土佐國グァバ茶
（南国にしがわ農園）

自然農法で育てた高知産グアバ葉を天日干しした後、じっくり自家焙煎。ノンカフェインで香ばしく優しい味のお茶です。
〈主な販売先〉高知 蔦屋書店、土佐せれくとしょっぷ てんこす など

リサ・トマトケチャップ レッド
（おかざき農園）

100日かけて健康的に育てたトマトを使い、酸味と甘味のバランスにこだわったケチャップ。パスタソースにも使えます。
〈主な販売先〉
とさのさと AGRI COLLETTO、
ICHIBA（高知龍馬空港内）など

オリエンタルナッツ醬（DADA NUTS BUTTER）

旅するように味わうナッツ調味料。高知の宗田節を使ったODD鮮仁醬は「アーモンドがシルクロードを通り高知にたどり着いたら」がテーマ。左からODD鮮仁醬、ODDムンボ、ODDアジカ。〈主な販売先〉the groceries shop Loka など

Oh! No!! Me!!! ホットソース
（下村農園×カリビアンマーケット）

山々に囲まれて育った有機野菜とゆず、世界一辛いといわれる唐辛子を使用した、四万十源流発クラフトホットソース。
〈主な販売先〉
the groceries shop Loka、
ICHIBA（高知龍馬空港内）
など

畑のラー油
（フルヤジオーガニックス）

高知産のにんにくや生姜、山椒やハーブの複雑な旨味とマイルドな辛さ。肉料理の下味、刺身、麺類、鍋、チーズトーストなどにも合います。
〈主な販売先〉
the groceries shop Loka、
laatikko shop（セブン デイズ ホテル プラス内）など

おすそわけ食堂へ

すぐ近くには「香美市立やなせたかし記念館 アンパンマンミュージアム」があり、家族連れのお客さんもよく訪れるという「おすそわけ食堂 まど」。その名の通り、生産者から規格外の野菜を無料もしくは格安でおすそわけしてもらい、それら旬のおすそわけ食材を使った日替わり定食を提供しています。食堂を通して、フードロスや子供の貧困といった地域課題の解決を目指す、店主の陶山智美さんにお話を伺いました。

陶山「最年少は5歳からお手伝いに来てくれて。ふつうに接客もできるんです」
神木「ええ〜、すごい！」
陶山「注文をとってきて、配膳して、持って行くのを子供が全部できるんですけど、さすがにお給料は払えないので代わりにスタンプカードを作っていて。スタンプがたまったら、おやつが無料とか、食事が無料とか、くじ引きができるシステムがあるんです」
神木「めちゃくちゃ豪華景品じゃないですか」
陶山「これもおすそわけなんです」
神木「ええ〜！」

神木「ここでも野菜を育てているんですか？」
陶山「育てていたんですけど、ヤギに全部食べられてしまって（笑）」

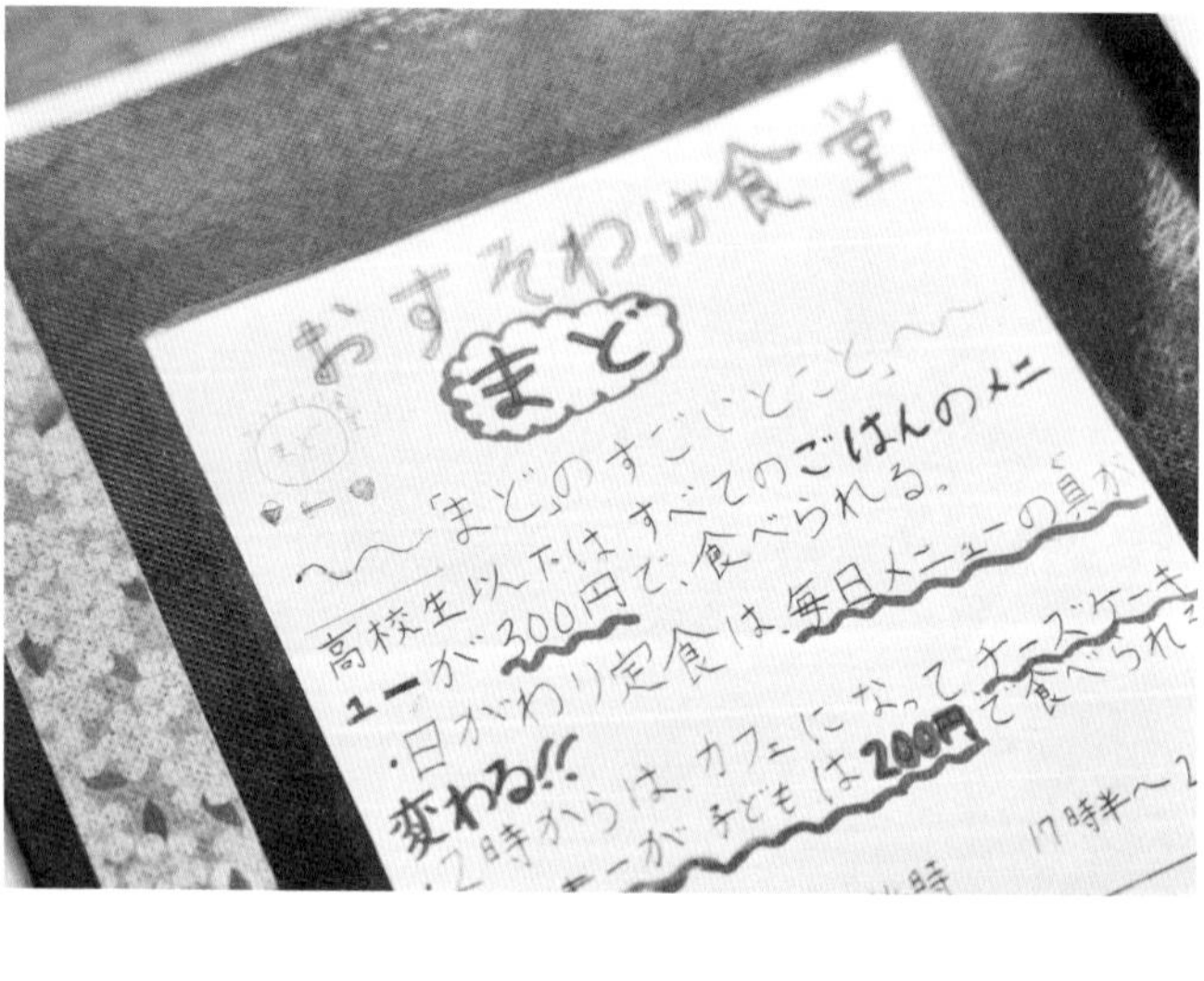
おすそわけ食堂
まど
「まど」のすご
高校生以下は、すべてのごはんのメニ
ーが300円で、食べられる。
・日がわり定食は、毎日メニューの具が
変わる!!
12時からは、カフェになって、チーズケーキ
が子どもは200円で食べられ
17時半〜2

神木「台所が見えるっていいですね。実家みたい」

フードロスを減らしながら地域の食生活を応援する

話し手　おすそわけ食堂 まど店主
陶《す》山《やま》智《ち》美《み》さん

神木　ご出身はどちらなんですか？

陶山　鳥取出身で、大学で高知に来て卒業後そのままという感じです。

神木　どうしてそのまま高知に？

陶山　大学時代に農家になりたいと思って、いろんな農家さんのところを訪問させてもらったんです。アルバイトやインターンシップで、地域の農業の現状を勉強してたんですけど。生産現場でかなりロスが出ていることに気づいて。

神木　どういうところで意識したんですか？

陶山　たとえば、アルバイトで一日中せっせとナスの袋詰めをしていて、次の日またバイトに行ったら、売れ残ったナスが返ってきていて。その日の最初の仕事が袋をやぶってナスを捨てるっていう仕事だったんです。そういうことに矛盾を感じたり、がっかりしたりして、自分が生産者になるよりも、捨てられる食材がいっぱいあるなら、それを活用できる人になりたいと思ったのがひとつのきっかけで。

神木　なるほど。

陶山　そのときにちょうど、自分自身もすごく食生活を手抜きしていて。ごはんを抜いちゃったりとか、コンビニのパンで済ませたりとか。

神木　一緒です。まったくもって一緒です。

陶山　そうですよね。忙しいとどうしてもそうだと思うんですけど、地元のお野菜を使おうとか、そういう活動をしている自分が、地元のお野菜をぜんぜん消費してないじゃんっていうことに気づいて。自分自身もそうだし、まわりの友達や、お子さんがいるママさんたちも、みんな忙しくて同じ状態だったので。気軽に寄れて、リーズナブルな値段で食べられるけど、しっかり地元の食材が

使ってある食堂を開けないかな？　と。
神木　すごい。いま、ようやくニュースとかで少しずつフードロスの問題がピックアップされ始めていますけど。こうやって実際に食堂までされているって、すごいですよね。通常より大きいとか小さいとか、中身は同じだけど見た目がっていう野菜がロスになるのを知ると「え、食べられるのに？」って思いますよね。
陶山　ほんとに全然問題のないもの、ちょっと傷が入っているとかそういうものが、流通に乗せると問題があったりして。たとえばこの辺りはオクラ農家さんが多いんですけど、オクラも12センチとか農協の規格があって、それを超えちゃうともうダメで、ちょっと曲がっててもダメ。でもそれは品質を守るためには必要なことかもしれなくて。
神木　難しいですね。本来は、形がきれいだったり傷がついていないものしか食べませんっていう人はいないじゃないですか。食べられるんだったら全然いい。だけどたぶん、それがダメになってしまった理由も一方であるんだろうっていう。

陶山　そうですね。たとえば、ここに集まってくる曲がった野菜とかを見たら、みんな「いいじゃん」って言うんですけど、同じものがスーパーに並んでいると、やっぱり選ばなかったりするんですよね。だからここで加工してしまえば、そのまま売って市場価格を下げるということにはならないので、加工して付加価値をつけて、ここで提供させてもらっているんです。

神木　すごくすてきです。もともと料理は得意だったんですか？

陶山　実は両親ともに飲食関係の仕事をしていて、でも忙しいなかで共働きでもちゃんとごはんやお弁当を手作りしてくれてたっていうのが原点で。

神木　なるほど。

陶山　この辺の地域は子育て世代がすごく多くて、共働きのお家とか、お子さんが4人いる家庭とか、みなさんけっこう大変なので、昔受けた親からの恩をいま返そうじゃないですけど、子供は300円でごはんを食べられるようにしたりとか。

神木　300円！

陶山　高校生まで。

神木　高校生まで！　めちゃくちゃ、ありがたいですね。

陶山　休憩時間とかでも子供が来たら受け入れて、「かき氷食べる？」って作ってあげたりとか。子供に対しては貢献できたらなって思ってやっています。

神木　すごいすてきです。いまおいくつですか？

陶山　23歳です。

神木　あ〜、すごいですね。23歳で食堂をがんばられて。いや、すごいです。

陶山　田舎ならではかなと思っていて。流通ですごく便利になったので都会でもできるかもしれないですけど、生産現場と消費の現場が離れてしまっていると、生産者さんの顔が見えないから、大事に食べようっていう気持ちも薄れてしまう。時代の流れかなとは思うんですけど、うちの場所では顔が見える関係というか、おすそわけしてくれる人も、食べる人も、みんな食べ物を通してつながっていて、おすそわけしてくれた人の優しい気持ちをそのまま乗っけて、食べる方に届けたいなという思いでやっています。

神木　めちゃくちゃ大事ですね。ほんとすてきです。

おすそわけ食堂 まど

香美市香北町韮生野338

070-8472-4470

11:00〜14:00（土・日・祝日11:00〜15:00）
17:30〜20:00（木・金・土曜日）

休 月曜日（臨時休業あり）

これ知っちゅう？

高知のおいしいお店編

高知は人口に対する喫茶店の数が全国で最も多い県なんです。高知に訪れたら、一度は足を運んでみてもらいたい、すてきなお店をいくつか紹介します。

穀物學校

かつての工業高校の校舎を、子供から大人まで楽しめるファミリーレストランに。「ピタゴラスの定食」「PTA会食」など学校をテーマにしたユニークな名前のメニューが並びます。
ピタゴラスの定食 1,380円／
百姓一揆 1,380円

- 高知市高須新町2-1-47
- ☎ 088-861-3215
- 9:00～21:30
- 休 無休

穀物學校、
楽しいお店
でした！

食事と図書 雨風食堂

素材にこだわり丁寧に作られた、魚と野菜が中心のお昼ごはんが人気です。デザートメニューも豊富。セレクトした本の販売も行い、店の前に広がる田んぼの四季折々の景色は店の自慢です。
本日のお昼ごはん 1,800円／挽きたてコーヒー 420円／チーズケーキ 580円

- 南国市比江343-4
- ☎ 088-862-3344（当面は予約制で営業）
- 月～水・金：11:30 ～16:00
（売り切れ次第終了）木：11:30～17:00
- 休 土・日・祝日
- @ame_kaze

do you know this?

喫茶アサヒ

看板メニューは自家製ケチャップで作るナポリタン。こだわりのプリンや四万十産レモンを使ったスカッシュもおすすめです。自然派ワインの品揃えも豊富で、ワイン好きにも愛されるお店。

ナポリタン（目玉焼き付き）950円／クリームソーダ 600円 ／プリン 500円／ドリップコーヒー 450円

高知市秦南町1-5-58
11:00〜17:00
休 火曜日
@kissa_asahi

terzo tempo

本と音楽と珈琲がテーマの喫茶店。かき氷やパフェ、ケーキを楽しみに県内外から多くの人が訪れます。店名はイタリア語で「第三の時間」。ほっと一息つける安らぎの時間が心を満たします。

かき氷 黒糖スペシャル 770円／アアルトブレンド 550円／テルツォテンポのプリン 550円

高知市桜井町2丁目5-30
080-6559-2013
13:00〜17:00
休 不定休
terzo_tempo

ラ・メール ルネ

1963年創業の地域に愛される名店。カリッと焼いたトーストメニューは根強い人気で、粒あんとマスカルポーネがマッチした洋風のアンパンなど、見た目の美しさにも心を奪われます。

アンパンマスカルポーネ 650円／ブレンドコーヒー 500円／季節のフルーツジュース 800円

高知市帯屋町1-14-18
10:00〜16:00
休 月・火・金曜日

錆と煤

本格南インドカレーが中心の多国籍料理店。野菜をたっぷり使った彩り豊かなミールス（定食）は見た目だけでなく味のバランスが絶妙。スパイスを使った飲み物やデザートも。週前半は満寿店、後半は南国店が開く。写真は満寿店。

ベジプレート 1,300円／パクチー 100円／ノンアルモヒート 700円／DOSA 1,000円

満寿店 安芸市土居554-6
南国店 南国市立田632-19
満寿店 11:00〜14:30（L.O.）
南国店 11:30〜15:00（L.O.）
休 不定休
sabito_susu

do you know this?

リンベル

高知名物「ぼうしパン」の誕生は1950年代。メロンパンの生地に偶然、カステラ生地をかけて誕生しました。発祥の地、永野旭堂本店直営のリンベルにはイートインコーナーがあり、朝食におすすめです。
ぼうしパン 162円/コーヒー 297円

高知市永国寺町1-43
088-822-0678
7:00〜18:00
休 日・祝日(臨時休業有)

Bar Baffone

高知産バジルをふんだんに使ったジェノバ風リングイネが看板メニュー。深夜に近づくほど賑わい、ワインと充実した料理、絶品ドルチェも楽しめるお店です。
ジェノバ風リングイネ 1,628円/土佐あかうしのロースト木の子ソース 3,080円

高知市帯屋町1-2-10 モリタビル1F
088-822-0001
19:00〜23:00(L.O.)
休 水・第2火曜日

旅をおえて

PHOTO SPOT
高樋沈下橋
takah chinkabashi

高知、衝撃でした。

「はじめに」で書いたような、当初描いていた高知のイメージ。自然がすごく豊かで、食べ物もおいしく、景色もきれいで、人も優しい。それらすべて間違ってはいませんでした。けれど、それらの言葉をどれだけ並べても表現できないくらいすべてが想像を超えていました。

本当に奇跡の県だと思います。

見知らぬ人だろうと声をかけ、損得勘定なく「余ったからもらって」なんてやりとりができるって、なかなかないと思うんです。優しさと豪快さ、気前の良さが圧倒的。すごい人間力。

そしてそれらを支えているものこそが「高知が好き!」という気持ち。みなさん、高知のことに関して質問すると、ほんとうれしそうに答えてくれるのが印象的でした。住んでいる地域を自慢できるってかっこいい。高知という土地に暮らすことの幸福を強く感じているからこそ、それをおすそわけしたいという気持ちになるのだろうなと思います。

そして高知の人たちはエンターテイナーだなと思います。人が喜ぶ姿に喜びを得るという感覚が、高知県という土地そのものが持つ、エンターテインメント性につながっている気がし

Photo by Ryunosuke Kamiki

ます。そう思えば、牧野富太郎や坂本龍馬に感じる、もはやエンターテインメントな豪快さや気前の良さは、高知の風土や環境に根ざしたものなんだなと合点がいきました。

それこそ対談のなかでいただいた梅原真さんの言葉。
「高知はお金はないけど底抜けに明るい」
その言葉の強さをいまあらためて噛《か》み締めています。

どんな状況だろうが、環境だろうが、笑っていられる。
僕が理想とする生き方です。僕の理想が高知にありました。

ほんとに高知って奇跡だよって言いたいです。でも悔しいのが、実際に来てみないとわからないですよね。この本を見て興味を持ってくれた方が、実際に高知に来て、本では伝えきれないものを感じてくれたらうれしいです。僕がいま思っているこの気持ちを、ぜひ来てもらって分かち合いたい。とにかく、「来たらわかるから!」っていう、そんな気持ちです。

すごくもどかしい。来てもらいたい、本当に。高知は奇跡の県です。

神木隆之介

路面電車

雲の上の図書館（檮原町）

にこ淵（いの町）

土佐あかうし

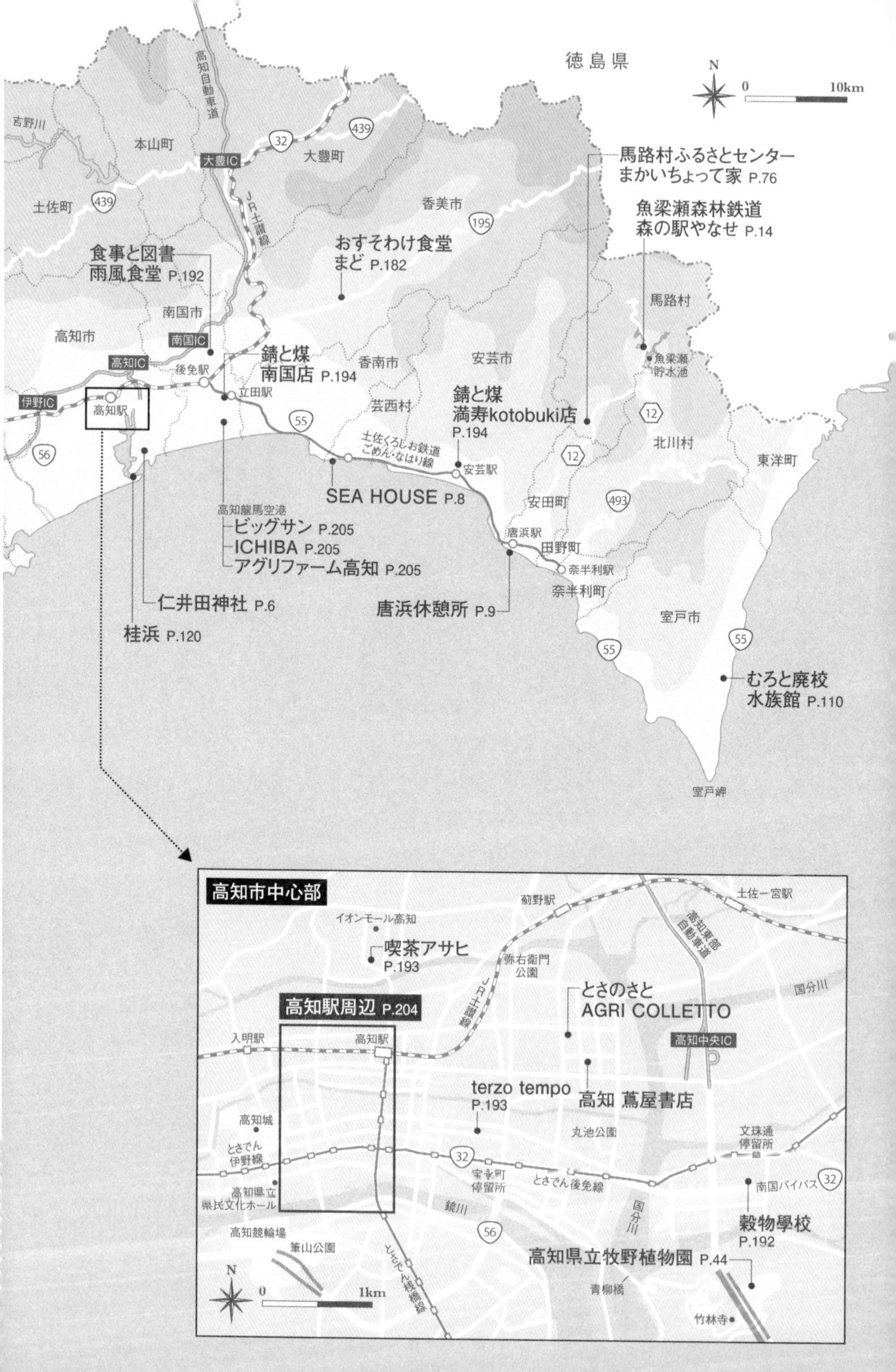

徳島県
N
0
10km
高知自動車道
吉野川
本山町
大豊IC
32
439
大豊町
土佐町
439
JR土讃線
香美市
195
馬路村ふるさとセンター
まかいちょって家 P.76
魚梁瀬森林鉄道
森の駅やなせ P.14
食事と図書
雨風食堂 P.192
おすそわけ食堂
まど P.182
南国市
馬路村
高知市
南国IC
高知IC
錆と煤
南国店 P.194
香南市
安芸市
魚梁瀬
貯水池
後免駅
立田駅
伊野IC
高知駅
芸西村
錆と煤
満寿kotobuki店
P.194
12
55
土佐くろしお鉄道
ごめん・なはり線
北川村
56
12
東洋町
安芸駅
SEA HOUSE P.8
安田町
493
高知龍馬空港
ビッグサン P.205
ICHIBA P.205
アグリファーム高知 P.205
唐浜駅
田野町
奈半利駅
奈半利町
仁井田神社 P.6
唐浜休憩所 P.9
室戸市
桂浜 P.120
55
55
むろと廃校
水族館 P.110
室戸岬
高知市中心部
薊野駅
土佐一宮駅
イオンモール高知
高知東部自動車道
喫茶アサヒ
P.193
弥右衛門
公園
JR土讃線
国分川
とさのさと
AGRI COLLETTO
高知駅周辺 P.204
高知中央IC
入明駅
高知駅
terzo tempo
P.193
高知 蔦屋書店
高知城
丸池公園
文珠通
停留所
とさでん
伊野線
32
宝永町
停留所
とさでん後免線
南国バイパス
32
高知県立
県民文化ホール
鏡川
国分川
56
穀物學校
P.192
高知競輪場
筆山公園
とさでん桟橋線
高知県立牧野植物園 P.44
青柳橋
N
0
1km
竹林寺

高知県全体
愛媛県
大川村
194
にこ淵 P.200
いの町
439
494
439
仁淀川町
仁淀川
33
日高村
越知町
439
和紙スタジオ かみこや P.58
雲の上の図書館 P.200
佐川駅
土佐IC
佐川町 P.10
土佐市
197
383
津野町
須崎市
須崎東IC
橋原町
須崎中央IC
須崎西IC
19
197
中土佐町
ゆすはら座 P.12
439
中土佐IC
土佐久礼駅
田中鮮魚店 P.146
高樋沈下橋 P.35・196
四万十町東IC
381
439
四万十町
四万十町中央IC
窪川駅
JR予土線
土佐くろしお鉄道
中村・宿毛線
441
四万十市
439
黒潮町
四万十川
土佐入野駅
砂浜美術館 P.32
宿毛市
土佐くろしお鉄道
中村・宿毛線
56
56
宿毛駅
三原村
321
NPO法人
黒潮実感センター
P.90
大月町
土佐清水市
321
柏島 P.89
大堂山展望台 P.4
足摺岬

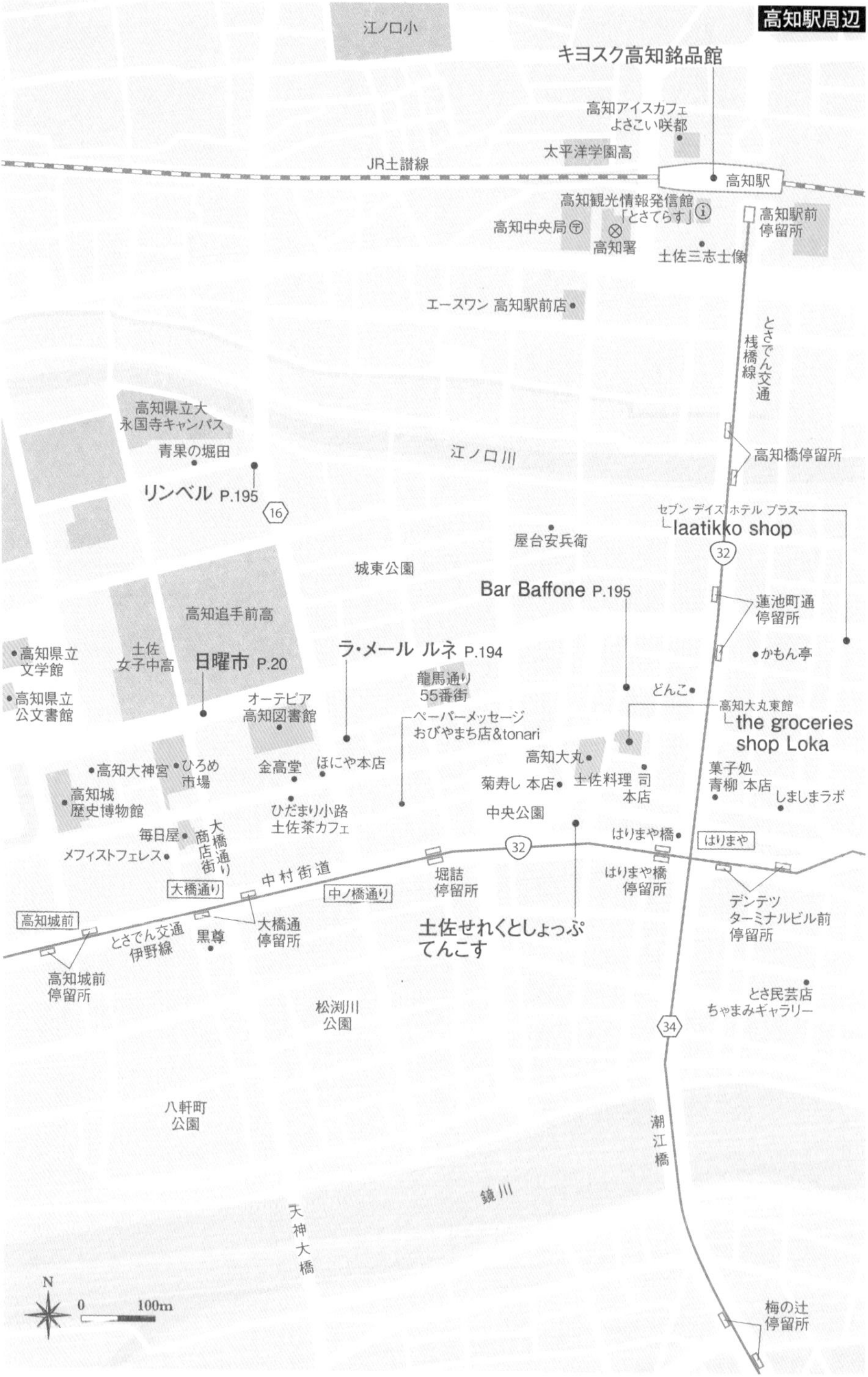

高知駅周辺
江ノ口小
キヨスク高知銘品館
高知アイスカフェ
よさこい咲都
太平洋学園高
JR土讃線
高知駅
高知観光情報発信館
「とさてらす」
高知駅前
停留所
高知中央局
高知署
土佐三志士像
エースワン 高知駅前店
とさでん交通
桟橋線
高知県立大
永国寺キャンパス
青果の堀田
リンベル P.195
江ノ口川
高知橋停留所
16
セブン デイズ ホテル プラス
laatikko shop
屋台安兵衛
32
城東公園
Bar Baffone P.195
高知追手前高
蓮池町通
停留所
高知県立
文学館
土佐
女子中高
日曜市 P.20
ラ・メール ルネ P.194
かもん亭
龍馬通り
55番街
どんこ
高知県立
公文書館
オーテピア
高知図書館
ペーパーメッセージ
おびやまち店&tonari
高知大丸東館
the groceries
shop Loka
高知大神宮
ひろめ
市場
金高堂
ほにや本店
高知大丸
菓子処
青柳 本店
高知城
歴史博物館
菊寿し 本店
土佐料理 司
本店
しましまラボ
ひだまり小路
土佐茶カフェ
中央公園
毎日屋
大橋通り
商店街
はりまや橋
はりまや
メフィストフェレス
32
堀詰
停留所
はりまや橋
停留所
中村街道
大橋通り
中ノ橋通り
デンテツ
ターミナルビル前
停留所
高知城前
とさでん交通
伊野線
黒尊
大橋通
停留所
土佐せれくとしょっぷ
てんこす
高知城前
停留所
とさ民芸店
ちゃまみギャラリー
松渕川
公園
34
八軒町
公園
潮江橋
鏡川
天神大橋
N
0
100m
梅の辻
停留所

これ知っちゅう？

店舗リスト

the groceries shop Loka
高知市帯屋町1-6-1 高知大丸東館5階
088-822-5111
10:00〜19:00
休 不定休

高知 蔦屋書店
高知市南御座6-10
088-882-5544
9:00〜22:00
休 不定休

とさのさと AGRI COLLETTO
高知市北御座10-10
088-803-5015
10:00〜19:00
休 1/1〜1/2

土佐せれくとしょっぷ てんこす
高知市帯屋町1-11-40
088-855-5411
10:00〜19:00
休 なし

laatikko shop
（セブン デイズ ホテル プラス内）
高知市はりまや町2-13-6
088-884-7111
8:00〜20:00
休 なし

キヨスク高知銘品館（JR高知駅内）
高知市栄田町2-1-10 JR高知駅内
088-823-5356
8:00〜19:30
休 なし

ビッグサン／ICHIBA／アグリファーム高知（高知龍馬空港内）
南国市久枝乙58

ビッグサン
088-863-2907
6:10〜20:00

ICHIBA
088-863-5272
6:10〜20:00

アグリファーム高知
088-864-4321
6:15〜19:45
※ターミナルビルの開館時間によって変動有
休 なし

Access to Kochi

高知県へのアクセス

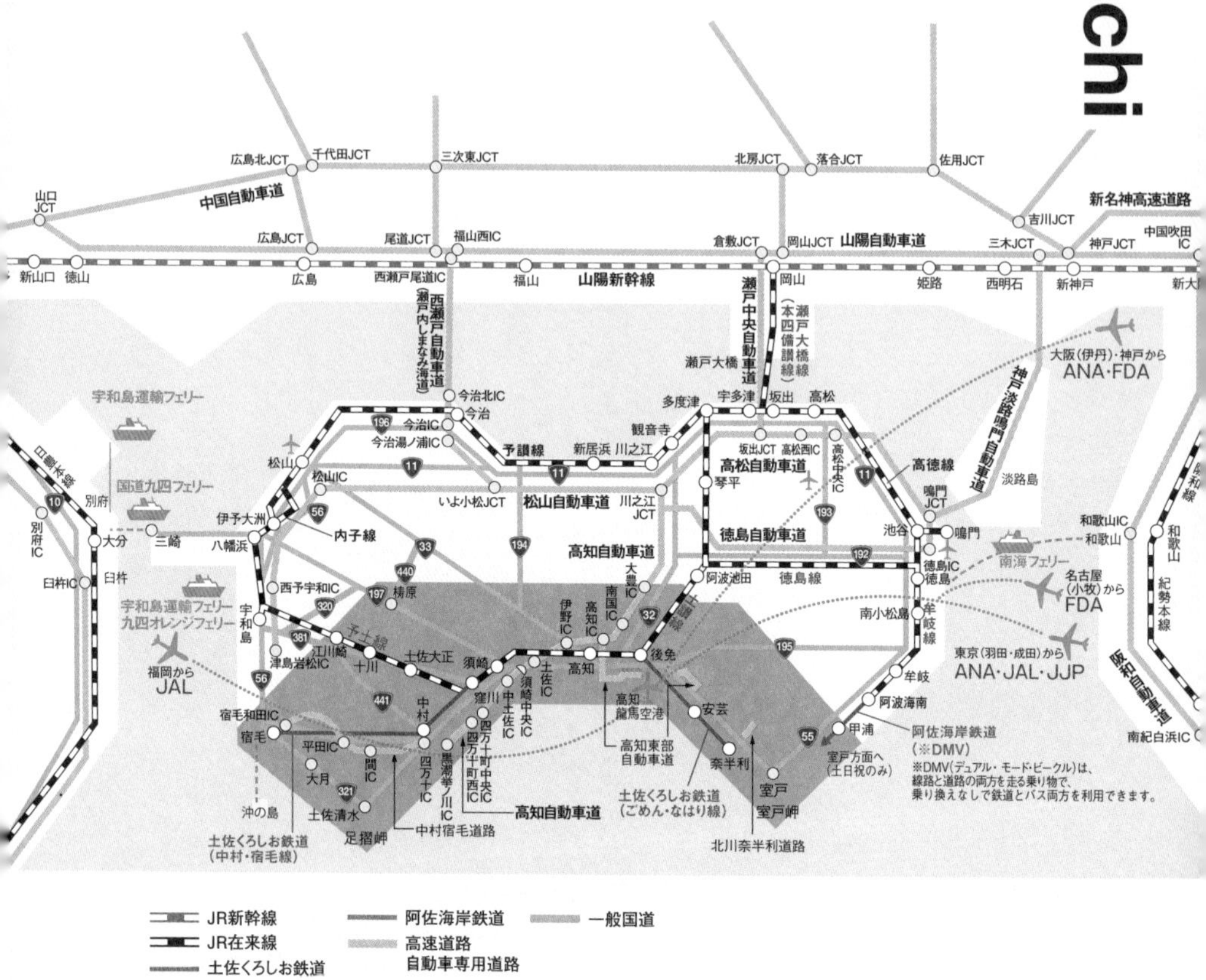

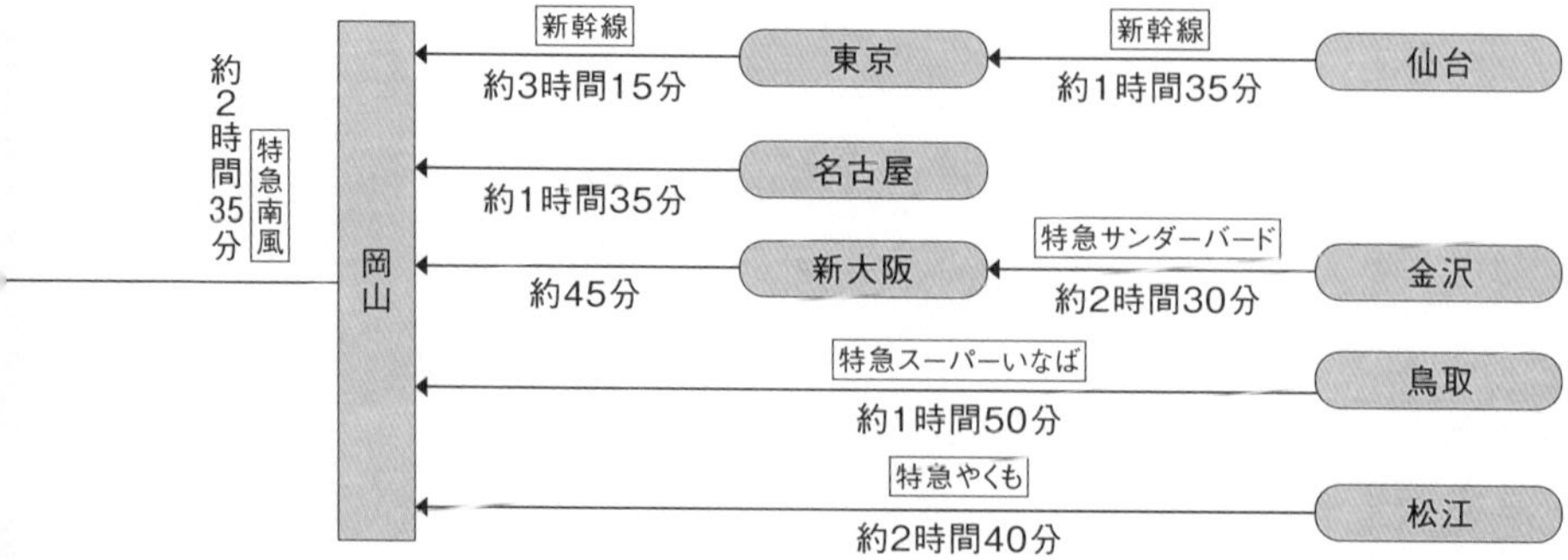

飛行機で → 高知龍馬空港

出発地	所要時間
東京（羽田空港）	約1時間30分
東京（成田）	約1時間45分
名古屋（小牧）	約1時間
名古屋（中部）	約55分
大阪（伊丹）	約45分
神戸	約45分
福岡	約50分

車で → 高知IC

出発地	距離・所要時間
東京IC	約800Km 約8時間40分
名古屋西IC	約480Km 約5時間20分
中国吹田IC	約330Km 約3時間45分
広島IC	約280Km 約3時間15分
岡山IC	約155Km 約1時間50分
高松中央IC	約125Km 約1時間25分
松山IC	約145Km 約1時間40分
徳島IC	約150Km 約2時間5分
福岡IC	約555Km 約6時間25分

鉄道で
*乗換時間を含みません

出発地	新幹線 → 岡山
広島	約35分
博多	約1時間40分
熊本	約2時間15分
鹿児島中央	約3時間

岡山 → 特急南風 約2時間35分 → JR高知駅

*季節や天候、交通事情により便数や所要時間に変動がある場合があります。ご利用前に、事前のご確認をお勧めします。

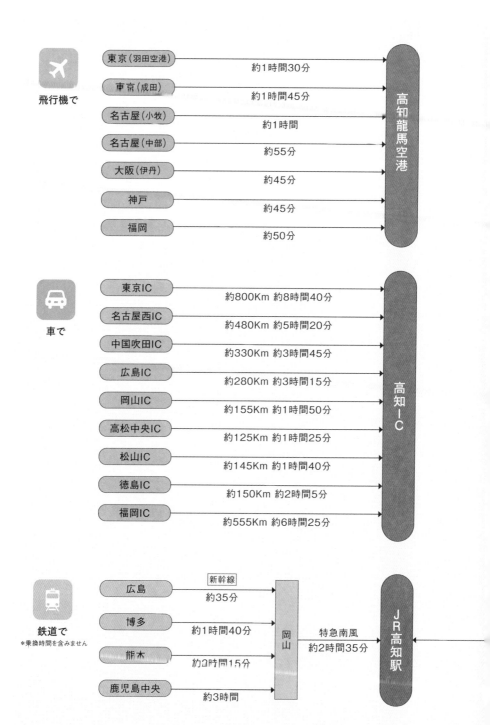

神木隆之介（かみき・りゅうのすけ）

1993年埼玉県生まれ。映画「桐島、部活やめるってよ」「バクマン。」「3月のライオン」「フォルトゥナの瞳」「君の名は。」（声の出演）、ドラマ「SPECシリーズ」「いだてん～東京オリムピック噺～」「コントが始まる」などに出演。2023年にはNHKの連続テレビ小説「らんまん」で主演を務めるほか、映画「大名倒産」が6月23日に公開予定。

プロデュース
田中杏奈（Co-LaVo）

編集／執筆
藤本智士（Re:S）

編集
山口はるか（Re:S）
砂原謙亮（NHK出版）
小松遥香

写真
清永　洋
吉田真也

装画／イラスト
イワサトミキ

デザイン
堀口　努（underson）

マップデザイン
齋藤直己（アルテコ）

校正
牟田都子

スタイリスト
カワサキタカフミ

ヘアメイク
MIZUHO

かみきこうち

2023年3月20日　第1刷発行

著　者　神木隆之介

発行者　土井成紀
発行所　NHK出版
〒150-0042　東京都渋谷区宇田川町10-3
0570-009-321（問い合わせ）
0570-000-321（注文）
https://www.nhk-book.co.jp

印刷・製本　共同印刷

Printed in Japan
ISBN978-4-14-081931-9　C0095